Welcome to Bookstore

書店印

もういちど、本屋へようこそ

田口幹人 編著

Taguchi Mikito

PHP

はじめに

最近いつ本を読みましたか？
最近、本屋に足を運んだのはいつですか？

この本を開き、お読みいただだいているみなさんは、まだ暮らしの中に本がある方々なのかもしれませんね。本屋が書いた本を読んでみようと、数多《あまた》ある本からこの一冊を選び読んでくださっているみなさんは、きっと本が好きなのだと思います。

近年、「書店空白地」と呼ばれる地域が増えていると言われています。そんなニュースを耳にしたり、実際に目の当たりにしたという方もいらっしゃるかもしれませんね。本屋のない自治体のことを、「書店空白地」と呼んでいるのだそうです。

日々、本屋の店頭に立つ者として、本屋がなくなってしまうかもしれないという寂しさと恐怖が、日に日に大きくなってゆくことを実感しています。

かつて、僕は経営していた本屋を潰した経験があります。親戚をはじめ、多くの方々に迷惑をかけました。

小さな、小さな本屋でしたが、まちにある唯一の本屋でした。

地域から本屋の灯りを消してしまったことの悔しさと申し訳なさ。それらを背負いながら、その後、拾ってくれた岩手県のさわや書店に勤め、本屋を続けています。

会社を倒産させ、逃げるようにまちを出た僕は、実家に帰省する際には必ず、更地となった、かつて経営していた本屋があった場所に立ち寄ります。あの日の想いを忘れないために。

あれから一〇年以上の時が経過し、その跡地には住宅が建てられ、新しい生活が刻まれています。店を閉めてから数年間は、「いつ戻ってきて、本屋を始めるの？」と聞かれることも多かったのですが、その声も年々減り続けてきました。

隣町まで車で四〇分もかけて本を買う不便さを、ネット書店が解決してくれたからです。地域のみなさんにとっては、かつてまちに本屋があったということすら、今では古い思い出となっています。しかし、僕の心の中では、「地域から本屋を消してしまった悔しさと申し訳なさ」が消えることはありません。

この一〇年の間に、三四二一店の本屋が、全国のどこかのまちから姿を消しました。一日に一店が閉店していることになるのです。

これは、「三〇〇〇店を超える本屋が姿を消した一つの出来事」ではなく、「一店舗一店舗が地域から消えた出来事が三〇〇〇以上あったのだ」と、地域から本屋の灯りを消した当事者として思うようにしています。

こう書くと、本屋が本屋をとりまく現実を嘆き、「本屋を助けてください」と、同情をお願いする類《たぐい》の本に思われてしまうかもしれません。

でも、ご安心ください。この本はそういうものではありません。「やっぱり本屋はいいですよ」と、無条件に本屋を礼賛《らいさん》する本でもありません。

伝わりづらいかもしれませんが、本屋にいるからこそわかる、「本屋」と「本」をめぐる世界の面白さをお伝えしたいと思っています。

二十数年の間、レジカウンターの中から本屋を見てきました。

この間、本屋のオヤジとして、ずっと本とともに暮らしてきました。本の良さ、面白さ、温かさ、優しさ、そしてせつなさ……本のさまざまな顔を見てきました。

でもここ数年、本が寂しそうな顔をしている気がしています。それが何なのか、僕なりに考えてみたことも書いてみました。

本屋の業界を振り返ってみると、この世界に長年住んでいた住人としては、悔しさと歯がゆさを感じてしまうことが多いです。

それはやはり、本屋が年々減り続けているという現実があるからです。

でもね、本屋の住人たちも、何もしてこなかったわけではありません。全国各地の本屋の店頭で、読者と本との出会いを願い、読者と本のそばに寄り添おうと、さまざまな形で奮闘している書店員がたくさん存在します。さらには本と読者の出会いを、新しいかたちでつくり出そうとしている本屋も続々と生まれています。

それを、「あきらめの悪い書店員たち」という人もいます。その通りかも知れません。でも、書店員一人ひとりの活動が何かを動かし、本と読者との出会いのお手伝いをし続けています。昔も今も変わらずに。

この本では、そんな思いを持つ仕事仲間と一緒に、僕らの考える読書と本屋の面白さについて、語っていきたいと思います。

日本や海外の本屋を数多く見つめてきたジャーナリスト、地域で本を楽しむ機会をつくろうと奮闘している書店員、震災にも負けずに今日も本を届ける書店員、出版社と本屋を結ぶ立場から読書の面白さを伝えようとする取次会社、本屋の店頭を飛び出して本屋の再定義に挑戦する人……。そして僕自身も、盛岡という地方都市の本屋で働きながら考えたことなどを、語ってみたいと思います。

この本で、日常の暮らしの中に「本」だけでなく、再び「本屋」も意識してもらい、「久しぶりに本屋に行ってみよう！」と思ってもらえたら、さらには、最近「本」から離れていた方にとって、もう一度「本」と出会うきっかけにしてもらえたら幸いです。

編著者・田口幹人（さわや書店）

もういちど、本屋へようこそ

目次

第三章 あのまち、このまちでも……本屋はワイワイやってます

第四章 本屋が考える「読書」と「本との出会い」の楽しみ

第一章

「本屋」って、何だろう?

二〇一五年、『まちの本屋　知を編み、血を継ぎ、地を耕す』（ポプラ社）という本を出版させていただいた。かつて経営していた本屋を閉じてから、さわや書店に勤めながら考えた本屋の姿をまとめた本となっています。

僕が『まちの本屋』に書いた考えの核となるものは、「身の丈《たけ》の本屋」の姿だと思っています。本屋に関わるようになり、今年で二五年目を迎えます。

様々な仕事をさせていただいたとも思っていますが、会社に勤めている以上、当然、数字目標や、与えられた仕事があります。それを全うするために、無理をして背伸びをして何かにしがみつこうとして、必死に走り続けた二四年間でした。

しかし、そうやって働きつつ、疑問もわいてきました。本屋業界の現状は、砂上の楼閣《ろうかく》のように、無理に無理を重ねて築き上げたものではないか、いまの姿が果たしてこのまま続くのだろうかと。

そして、二四年本屋業界にいて、様々な角度から本屋を見てきた者として、業界の制度的な疲弊と先細り感がどこから来るものなのだろうかと思案したとき、本屋という商いはやはり「身の丈」であるべきではないか、という考えにたどりつきました。

本がという以上に、本屋という空間が好きな僕は、いろいろな本屋に足を運んでいます。大型店、チェーン店、昔からその地にあったまちの本屋など。どの本屋もそれぞれ特徴があり、楽しいし、職業柄いろいろな本の展開の仕方を見てヒントをもらい、自店の店づくりの参考とさせてもらってきました。

それは、今までもこれからも、変わらないでしょう。新しい店舗の開店の知らせがあると、はやく見に行きたくてうずうずし、時間を調整して向かいます。新しいアイデアが詰まった本屋は、本当に楽しいのです。

一方で、定期的に何度も足を運んでいる本屋もあります。その一つが、往来堂書店《おうらいどう》という千駄木駅近くにある二〇坪ほどのまちの本屋です。

定番をしっかりと押さえながらも積極的に話題の本も取り入れていて、しかも新刊・既刊、判型やジャンルという括《くく》りを感じさせずに構成された本棚を見ると、一冊の本という存在の持つ奥深さを、実感することができます。

さらに、店頭から地域との密な結びつきを感じることができます。まちの中に溶け込んでいる本屋の姿が、ここにはありました。「この町に住む住人のみなさんは、幸せだな」と思わせてくれる本屋はそう多くはありません。まちの本屋の姿を追い求める僕が、往来堂書店に自然と足を運んでしまう理由は、そこにあるのかもしれません。

でも最近では、そんな想いを抱かせてくれる本屋がどんどん生まれています。

二〇一六年、東京・荻窪で開店した本とカフェとギャラリーの店・本屋Ｔｉｔｌｅ《タイトル》も、僕にとってはそんな本屋の一つになりそうです。オープンして少し時間が経ってから、ようやく行くことができました。

セレクトショップと呼ばれる店とは一線を画し、ロングセラーやそのジャンルに欠かすことのできない「本」が店づくりの根幹にあることがよくわかる売場となっています。僕が頭の中に思い描く、昔ながらの本屋に紛れ込んだような感覚を覚えました。

この空間にいるとき、自分が客（消費者）ではなく、読者でいられるという不思議な気分になれたことが嬉しくなり、ついつい自分の店にもあるはずの本を数冊購入してしまいました。これから何度も足を運ぶことで、店づくりの秘訣を盗みたいと思っています。

こうした本屋を訪ね歩くたびに、僕の中で「本屋という商いは身の丈であるべきではないか」という考えは、ますます強まっていきました。

そして今回、本書を編むにあたり、全国各地の本屋を歩き、実際にそのまちの書店員のみなさんに話をうかがう旅をしました。

「本を売る人」を取材するはずだったその旅で出会ったのは、「売る」ことの前にある「出会う」ことに尽力している書店員の姿でした。

本と読者との出会いの場としての本屋のあり方、本との向き合い方……訪ねたまちで、夜遅くまで語り合った数日間でした。こんなにも本と真剣に向き合い、より多くの出会いを願い、日々の仕事をしている人たちがいる。そんなことを改めて知る旅でもありました。本書では、その旅でうかがった想いも、それぞれの方に寄稿していただきました。

この旅には、もう一つの目標がありました。岩手県から遠く離れた、広島県と福岡県にある二つの本屋を訪ねることでした。

一つは、広島県庄原《しょうばら》市東城《とうじょう》町にあるウィー東城店で、人口約九〇〇〇人のまちにある本屋です。

ある時、初売りに一二〇人ものお客さまが並び、一三〇個の福袋があっという間に完売する本屋があるということを聞きました。かつて僕が経営していたまちの人口は七五〇〇人ほどでしたので、その商環境を想像し耳を疑ったものです。それから、その秘密を知りたくてウィー東城店に関する記事を調べたり、知人に聞いたりしていました。過疎地で成立し、存続し続ける本屋の姿は、自身の経験の延長線上にあり、もっとも興味のある対象でした。

この旅の前、大阪を訪れた際に、佐藤友則店長にお会いし、お話を聞かせていただきました。その際、佐藤店長から聞いたのは、「本屋が持つ可能性」という言葉でした。それを知るために一番大切なのは、お客さまの声にどこまでも真摯に応え続けることなのだ、という結論にたどりついたそうです。

お客さまの声からヒントを得て、店内にエステルームと美容室をつくり、印刷会社と同レベルの印刷機を導入して印刷サービスを始め、淹《い》れたてのコーヒーが飲める環境を整え、古書も販売し、千葉県から海苔まで仕入れて販売する。

佐藤店長はおそらく、過疎地という立地だからこそ無くしてはいけないコミュニティの中心に、本屋を置こうとしているのではないか。同じ過疎地で本屋を営んできた経験上、僕はそう感じました。同時に、それがどれだけ難しいのかということも。

大阪で佐藤店長と別れた後、いつか自分の目で直接、お店を見てみたいという気持ちがわいてきました。その願いを、この旅で実現することができました。

実際にウィー東城店を訪ね、佐藤店長と奥様からうかがったお話は、実家の本屋でもがき苦しんでいたあの時の自分に、聞かせてやりたいことばかりでした。僕には描き切れなかったけれど、過疎地で存在し続けるために必要な本屋の姿を、佐藤店長はデザインし実践しているのでしょう。実は、立地などにかかわらず、お客さまの声にどこまでも真摯に応え続けることこそが本屋が忘れてはいけないことなのかもしれない。そんなことを思いながら、佐藤店長と別れたことを覚えています。

もう一つは、福岡県にあるブックスキューブリックという本屋です。ここも、いつか必ず訪ねたいと思い続けてきた本屋でした。

約一五坪ほどのこぢんまりとした空間に、雑誌、児童書、実用書に旅行書、建築書やアート書、そしてビジネス書、新書、文庫に文芸書や一般書、さらには定番のものから新刊や話題書まで、なんとも幅広いジャンルの本が、緩やかに繋がりながら、押しつけることなく、しかしそこに存在する意味を与えられながら、棚に収められていました。

何かに誘われるように本棚に並べられた本を夢中で抜き取っては戻すことを繰り返しているうちに、買おうと思ってもいなかった本を何冊も手にしてレジに並んでいました。

約一五坪を、これほど広く感じたことはありません。物理的な広さではなく、棚に並べられている本の向こう側にある世界を知りたい、という欲求が沸き起こる不思議な体験でした。本との出会いの場としての本屋とは、ブックスキューブリックのような本屋なのかもしれません。

本屋に行って感動することはあまりないですが、ブックスキューブリックという空間に足を踏み入れたことで、僕は間違いなく何かを感じ、突き動かされました。きっとそれを感動というのでしょう。

「福岡に住みたい」。この旅を終えた時の僕の感想です。それは、どれだけブックスキューブリックという本屋に魅せられたかを、物語っているのかもしれません。

コミュニティの中心に本屋を置こうとしているウィー東城店の佐藤さんと、本をコミュニティの中心に据えることを本屋の柱としているブックスキューブリックの大井さん。同じようで違う店づくりの核に、触れることができました。

「本屋」とは、「本との出会いをつくる人」「本と読者を繋ぐ人」なのかもしれない。取材を終えた帰りの電車の中でそんな漠然としたイメージを思い描いた時、石橋毅史さんというジャーナリストの顔が浮かんできました。

石橋毅史さんは、「新文化」という出版業界紙の編集長として、日本の本屋を数多く取材してこられました。ジャーナリストとして独立された後も、一貫して出版業界を追い続け、近年では海外の本屋も取材しています。

本と読者を繋ぐ書店員を訪ね歩いたルポ『「本屋」は死なない』の著者で、「本屋」を、「本を売る店」ではなく、『本』を手渡すことに躍起になってしまう人、まるでそれをするために生まれてきたかのような人」という意味と捉えている方です。

僕の書店員人生の節目には、いつも石橋さんがいた気がします。

かつて僕が経営していたのは、「まりや書店」という小さなまちにある小さな本屋でした。祖父母から父母に渡された本屋のたすきを、僕が譲り受けた時から店を閉じるまで、石橋さんはいつも気にかけてくださり、わざわざ岩手県の奥羽山系の山奥の店にまで足を運び、悩みを聞いてくださった方なのです。

閉店後、まりや書店だった建物は取り壊されました。閉店までの道のりは、本当に辛いものでした。まりや書店にまつわるものを、何ひとつ形として残すことをしなかった。いや、その余裕すらなかったという言い方のほうが正しいのかもしれない。

今思えば、残しておきたかったものがたくさんあります。しかし、たった一枚だけ写真が残っています。まりや書店の中で、家族みんなで写した写真です。

慌ただしい毎日だったのか、家族で写真に写ったのは、この一枚のみです。その写真を撮ってくださったのが、石橋さんでした。

まりや書店が目指していたもの、やってきたことを、僕は冷静に思い出すことができません。しかし、石橋さんがそれを落ち着いた眼差しで見守り、記憶してくださっていたことを知ったのは、僕がさわや書店に勤めてからずっと後のことになります。

まりや書店を閉めた僕は、経営する側ではなく、書店内でもう一度、店頭のプレーヤーとして働こうと自分に言い聞かせて仕事をしてきました。

経営といっても、当時は金策に明け暮れてばかり。でもそんな辛い時であっても、コミュニティの中心に本屋を置くことを目標として、様々な取り組みを続けていました。だからでしょうか。プレーヤーとなってからも、店頭以外でも本と読者を結びつける方法があるのではないかという思いが、心の奥底に眠っていました。とはいえ、道半ばでリタイアし、多くの方に迷惑をおかけした身としては、また店の外に出て、まちの中で活動を広げることに怖さも感じていました。

しかし七年ほど前、僕は店頭だけでなく、外でも活動することを決めました。

さわや書店フェザン店の文庫担当者として、ひたすら本と向き合うことだけに打ち込める環境にありましたが、それだけでは足りない時代が必ずやってくるのだという思いが勝ったのかもしれません。

しかも、僕が決心した当時、フェザン店の売場で楽しみながら本を届けようとし、全てを任せてもいいと思えるスタッフたちが揃ってきていました。何かの巡り合わせなのかもしれませんね。

僕は、本屋の柱は本だと思っています。まりや書店時代、それが十分にできませんでした。しかし、今なら、コミュニティの中心に本を据えるために、コミュニティの中心に本屋を置くために、仕事ができるかもしれない。店頭を離れ、まちに出ることを選んだ時、僕はそう思ったのです。

まだ、「かもしれない」、結果が伴っていない「これから」をお話しした際、石橋さんはこう言いました。

「田口さんがやろうとしていることは、まりや書店時代と何も変わらないよね」と。

その時、石橋さんが見守り続けてくれていたことに、僕は気づいたのです。

そんな本屋を客観的にみるプロの石橋さんに、「本屋」とは何か、そしてご自身の思う「いい本屋」について綴っていただきました。

僕自身、石橋さんのお話をうかがい、「こんな本屋があったとは」と驚かされることがありました。あなたにも、そんな新たな発見があるかもしれません。

人はなぜ、「本屋」をやるのか

石橋毅史（ジャーナリスト）

「本屋」たちにもわからない不思議な力

僕は二〇一一年一一月に『「本屋」は死なない』（新潮社）という本を出した。全国各地の書店を訪ね、そこで見聞きし、考えたことをまとめたものだ。

おもに車で出かけ、会いたい「本屋」のいる町で数日を過ごした。東京の自宅へ戻ってしばらくすると、今度は別の町へ出かけた。何度か訪れた町もあった。

そんなことを飽きもせずに繰り返せたのは、いつもひとつのテーマが念頭にあったからだと思う。

従来の出版市場（正確に説明すると、文字や写真などを印刷した紙を束ね、製本した出版物を、全国の書店が販売することで収益を得る市場）は、一九九〇年代から長く下落傾向にある。書店の数も減り続けている。原因はいろいろあるだろうが、単純にいえば紙を束ねてつくる本が、かつてほど売れなくなったからだ。

これから先も、基本的には同じ状況が続くだろう。

本がどんどん売れにくくなっているのに、もう紙の本に未来はないという声さえあるのに、人はなぜ「本屋」をやるのか？　いまさら他の仕事をするわけにもいかないから？　すでに〝旧《ふる》くて懐しいもの〟となりつつある本への愛着か？

書店に勤めた経験がないから理解できないのかもしれない。だが、当の「本屋」たちにもわからない、なにか不思議な力が働いているようにも思える。ならば、その不思議な力の正体とは何か？

二〇一〇年一月、東京の雑司が谷にひぐらし文庫という小さな書店が開業したことが、旅を繰り返すきっかけになった。店主は、長年働いた大きな書店をやめ、その退職金を使って自分の店を始めた。

彼女を駆り立てたものはなにか？

考えるまでもなくわかる……どこまで考えてもわからない……どちらともいえそうな疑問だった。自分なりの答えを摑《つか》んでみたくなった。

訪れた各地には、いきいきと書店を営む人たちがいた。もちろん、商売がうまくいっている人ばかりではない。行き詰まっている、悩んでいる、という話を聞くこともあった。自分の店がどこまで続くのかという不安と闘っている人のほうが多かった。

それでも、本を売ることを生業《なりわい》にしていく――これだけは清々《すがすが》しいくらい、一点の曇りもなかった。本を並べ、客の相手をする彼らの日常風景からは、漁師や農家などと同じだ、「本屋」も人間の暮らしの根幹を支える仕事なのだ、という気配が立ち昇っていた。

ちなみに、書名の「本屋」をカギカッコで括《くく》っているのは、ここでいう本屋は「書店」と同じ意味ではない、ということを表している。

「屋」という言葉は、「照れ屋」「頑張り屋」「恥ずかしがり屋」などというように、その人に特有の性格や振舞い、生き方を表すために用いられることがある。つまり「本屋」とは、本を人に届けることを生業とする人生を送っている人、そうするために生まれてきたかのような人、という意味を込めている。僕が発見した解釈ではない。本書のなかに登場する鳥取・定有堂《ていゆうどう》書店の店主が、なぜ人は本屋を？　という僕の繰り返しの問いに応じるためにしてくれた話からいただいたものである。

もっとも、一冊の本になってもゴールに辿りついたとはいえなかった。なぜ、彼らは「本屋」であろうとするのか？　なぜ、いまも全国各地で次つぎと「本屋」が生まれるのか？　〝答えらしきもの〟はなかなか明解な言葉にならず、その後も「本屋」を訪ねる旅を繰り返した。

どんな「本屋」を見てきたか？　ここから先は、カギカッコを外して進めよう。

良い本屋とは

本屋と過ごした時間、交わした会話を文章にすることの多い僕にとって、書店へ行くことは良くも悪くも仕事のひとつである。

プライベートで書店に入っても、ほとんど取材者の気持ちで歩いている。売場の広さ、棚の高さや本数、現場に出ているスタッフの人数、などを目算する。平台の最前列や二列目にどんな本を並べているか、ベストセラー本の積上げ具合（売れ筋商品の調達力）はどうか、ほかの書店であまり見かけない本（店長やスタッフの知識の豊かさ）はどのくらいあるか、などを観察し、想像する。

知らない町を歩いていて書店が見えたら、買いたい本がなくても入る。入ったらいま書いたようなことをひと通りしたり、本を買ったり買わなかったりして、出てくる。店主やスタッフに話しかけることもあるし、その場で素性を明かし、取材になることもある。

仕事ではあるが、雑誌の書店特集などのように店の概要やチャームポイントだけを紹介する短い文章を書く機会はほとんどない。本屋との時間から思ったこと、考えたことが重要で、そうなると僕にとって興味の対象となることもあれば、あまりピンとこないこともある。興味といっても、良い意味のときも、悪い意味のときもある。ひとつの書店に、それらが混在している場合もある。

つまり、僕には「良い本屋」と感じるポイントのようなものがあるらしい。言い換えると、「良くない本屋」もある、ということになる。外野から「良い」「良くない」などというのは傲慢かもしれないが、僕にとって、率直な感想と向き合うことは本屋を書くうえでのはじめの一歩であり、本を書くということは、自分の見方、考え方を世に問うことである。

物書きに限らない話ではないだろうか？　ひとりの客としても、自分なりの審美眼（といって大袈裟《おおげさ》なら好き嫌い）をもつことは大切だと思う。

僕にとっての良い本屋を挙げてみよう。

なんといっても品揃え

店内を歩くだけで興味がわいて、店主やスタッフと話してみたいと思うポイントはどこかというと、やはり一番は品揃え、本の並びである。近年は、カフェを併設する、雑貨など本以外の商品を併せて売る、といった店も多い。それじたいに否定的な気持ちはまったくないが、やはり書店である以上、主役となる本は魅力的であってほしい。

「本の並び」といってもどこに注目すればいいのかわからない、どの書店もだいたい同じに見える、という人もいるかもしれない。

僕はそういうとき、なにか面白そうな本はないかと漠然とした歩き方をするより、好きなジャンルの棚や、職業柄、多くの人より詳しいジャンルの棚の前に行くようにしている。自分の得意分野の棚には、すでに知っていることが書かれた本と、知らなかったことが書かれていそうな本がある。それぞれを手にとるうちに、自分に刺激を与えてくれる店かどうか、なんとなくわかってくるのである。

ある日、京都の三月書房《さんがつ》という店を訪れた。僕はそのとき、俳句の歴史や俳人の生き方などに興味をもっていたので、俳句の関連書の並ぶ棚に自然と目がいった。

すると、季節ごとの歳時記などが並ぶなかに、『部長の大晩年』（城山三郎、新潮文庫）という本が差してある。手にとってみると、三菱製紙を定年まで勤めながら多くの作品をのこした、永田《なが》耕衣《たこうい》という俳人の評伝だった。タイトルだけでは俳句の話だとはわからない。こういうことが、本にはとても多い。

この日、僕が三月書房に行ったことは偶然だ。だが三月書房にとって、僕が『部長の大晩年』を手にしたことは偶然ではない。そういう発見をさせる心配りが、あちこちの棚になされている店なのである。

こんな体験ができるのは、店主の品揃えへのこだわりが顕著な小さな書店だけではない。

大阪にジュンク堂書店難波店という、一〇〇〇坪ほどの巨大な店がある。

「ヘイト本」という言葉をご存じだろうか？　韓国や中国に対する敵意、ときにはそれらの国の民族に対する憎悪や差別意識を表明している本のことを指す。いわゆるヘイトスピーチの書籍版＝ヘイト本というわけだ。

二〇一三年から一四年頃、このヘイト本の、書店における扱い方が議論されたことがあった。求める客がいる以上は置くべきか？　言論の自由の範疇《はんちゅう》を超えるものとして外すべきか？　多くの書店は「出版社や取次が送ってくれば置くが、あまり目立たせない」という中間的な判断をしたようだった。

このときジュンク堂書店難波店の店長は、こうしたヘイト問題に警鐘を鳴らす本と、当のヘイト本、どちらも並べるフェアを展開した。このような対立概念がいまの社会にあるのだということを、わかりやすい形で表現したのである。

フェアを終了させた後も、このテーマをさらに広く、深く捉えようとするコーナーづくりをしていた。

たとえば「地理学」に関する本を増やした。特定の民族への差別意識が生じる前の段階として、「外国」とか「異地域」をつくる境界線が引かれる。この境界線が引かれる経緯を知るためにも地理を学んでみよう、という流れである。ほかにも、戦後に中国大陸や朝鮮半島から日本へ戻った、いわゆる引き揚げ者たちの苦悩を描いた「引き揚げ文学」、在日朝鮮人たちが抱える国籍の問題を描いた作品群など、様ざまなコーナーを設置していた。

分野ごとに刊行されている本を完全に網羅できそうなくらい贅沢《ぜいたく》に並べ、興味をもった人がいろいろな本を手にとれるようにしておく。これは、広い売場をもつ大型書店の最大の長所である。

もちろんインターネットを見るだけでも、関連するニュースや専門家のコラム、多くの人の意見などを読むことはできる。読みたい本がはっきりしているなら、ネット通販で注文するのも手っ取り早い。

ただしどんなジャンルにも、本一冊分の言葉を尽くして語っている大勢の著者がいる。それだけの言葉を費やさないと、伝えきれないことがあるからだ。そうして刊行された本が集められ、いまどんな作品が出ているのか、自分が読みたいものはどれか、とあれこれ手にしながら選べるのは、やはり大きな書店である。何冊も買う余裕はないという場合は、図書館もチェックして、買って手元に置きたい本と、読んだら返してもかまわない本とをわければいい。

あらゆる店が魅力的な品揃えをしているわけではないようだ、ということはいっておかなくてはならない。規模の大小にかかわらず、マスコミで話題になっている本、出版社が売りだしたい本を、置かされているだけ、売らされているだけとしか思えない書店はある。

書店は「売る」ことで利益を得る。一人でも多く、一冊でも多く買ってもらうために品揃えをする。だからこそ、「たくさん売れてはいないし、マスコミの話題になってもいないが、読んだ人をきっと満足させる本」をどれだけ置いているかを、僕は重視する。出版社から定価で発売されている本だけで八〇万タイトル以上も流通しているのだから、こんな本があるのかと思わせてくれる店を、やはり品揃えに熱心な書店というのだと思う。

書店にとって、客に押しつける気はないけれど、じつは注目してほしいポイントはあるのだろうか。「平台の二列目に売りたい本を置く」「平台最前列の右端に、目にとめてほしい本を置く」「やはり手書きのPOPをつけている本は、どうしても読んでほしい一冊だ」……これまでいくつかの解説をしてもらったが、共通する法則はなさそうである。

さきに書いたように、自分が関心のある分野をきっかけに、知りたいことを訊いてみるのが一番だ。もちろん、店主やスタッフがその分野に詳しいとは限らない。だが熱心な本屋は、覚えているのだ。次に行ったときに関連する本を教えてくれたり、やがてこちらの読書傾向や好みを理解し、こんなのも出ていますよ、と意外な本を見せてくれたりする。本屋に教わった大切な一冊が、僕にはたくさんある。

地域の息遣いが集まる

二〇一〇年四月、新潟に北書店という小さな書店がオープンした。

僕がはじめて訪れたのは『「本屋」は死なない』を出した後のことだが、このときから興味深い様子を見せてもらった。閉店後、地元の新聞社、出版社、書店、デザイン会社、本とは関係のない仕事をしている近所の人などが酒と肴《さかな》を手に集まって、「北酒場」と称する酒盛りをはじめたのである。他愛のない笑い話、大声では言いにくい地元の噂話などが飛び交う宴会は、深夜まで繰り広げられた。

店主は、二〇一〇年一月に閉店した北光社という老舗書店で、最後の店長を務めた人である。このまま本屋をあきらめるわけにもいかないと出店先を探し、処分される寸前に北光社の本棚をもらい受け、ほとんど勢いだけで独立開業にこぎつけた。店名は、北光社の一字をとった。

通いなれた書店の倒産にショックを受けていた人、店主の心意気を感じとった人が、陰に日《ひ》向《なた》に応援するようになった。北書店のオープンそのものが、地元の人たちに「地域に書店があること」の意義を考えさせたのである。

出店のいきさつからいって当然かもしれないが、北書店には様ざまな地元の情報が集まっている。「ニイガタブックライト」という本にまつわるイベントが恒例化するなど、新潟には同店を発信源とした催事や交流がいくつもある。

地域との強い結びつきを感じさせるエピソードをもつ書店は多い。本屋の数だけある、といってもいいのかもしれない。北書店のように閉店後の店内で酒盛り、となるとさすがに珍しいが、地域ぐるみでおこなわれているブックイベントは、その中心に必ず本屋がいる。市役所の職員と親しく、商店街の活性化や町おこし事業などについて意見や協力を求められる本屋もいる。表立った活動をしているわけではないが、近隣の映画館や小劇場、ライブハウス、喫茶店などと日常的に交流している書店も多い。

地域の人々を繋ぐ場所としての役割がメインになっていく本屋もある。

東京・西荻窪の信愛書店は、創業八〇年となる二〇一四年に大胆なリニューアルをした。本の売場を縮小し、多くのスペースを、地域の住民の会合や、読者と著者、出版社などが直接触れ合えるトークイベントを開く場としたのだ。

長年にわたり、西荻窪の名物書店のひとつとして根づいてきた。哲学書から成人向け雑誌までを並べ、レジに近い棚は他店があまり前面に出さない本が目立っていた。会社員や学生が一杯呑んだ帰りにも立ち寄れるように、深夜まで営業していた。だが、本好きに愛される店をつくってきたからこそ、それが店の経営を支えるとはいえないことも痛感してきた。近隣の町・高円寺に開いていた支店では、本だけでなく雑貨や飲み物も売ってきた。

試行錯誤を重ねるなかで、年々大きくなっていったテーマが「地域のこれから」だった。一人暮らしの老人、子育てに追われる母親たちなど、皆で見守るべき住民が近所に大勢いる。加盟する商店会も、通りがもっと賑わうにはどうしたらいいかと頭を悩ませている。人が気楽に集まって、茶飲み話をできる〝縁側〟のような場所が必要なのではないか……誰にとっても敷居の低い、町の書店の姿は残しながら。

町の一員として本屋をやってきたからこそ、信愛書店を「本を売る専門店」として維持する以上に大切なことが見えてきた。たんに店の継続を図った業態変えとは違う。信愛書店の決断は、とても自然だった。

本屋は、その地域の歴史と文化に詳しい人や、表からは見えにくい地域の内部事情に精通した人と親しくしていることが多い。たぶん理由は単純で、そうした人たちはたいてい、本と本屋が好きだからである。彼らに囲まれ、世話を焼かれたり頼まれごとに応えたりしているうちに、郷土の出版物を知り、地元の作家、文化人などと交流するようになり、やがては網の目のような地域人脈図を形成する一人となっていく。

書店が本を売っているだけでなく、そうした地域の人たちの行き交う場であることを知っている人は、意外に少ないようだ。たしかに、そのような役割をしている書店ばかりではない。全国各地に支店を出している大手書店チェーンは、どうしても地元民というより〝消費者〟が集まる店になりやすいし、小さな書店であっても、近隣との連帯に積極的でない店主もいる。

だが、大型の書店であっても地元企業の経営であれば、地域との繋がりを大事にしている店主やスタッフは必ずいる。また、そのような役割を担うのは長年営業してきた本屋ばかりではない。古本屋を中心とした近年の新しい本屋たちは、地域に溶け込み、地域の一員となることを開業の動機としていることも多いようだ。

本屋と仲良くなったからといって、なにか特権を得られるわけではない。でも、住民として知りたいこと、困っていることがあったときに、それを解決する糸口を見つけられる可能性はある。すくなくとも、地域の人たちの息遣いを感じることはできる。

そんな本屋と出逢うには、ともかく店に行ってみるしかない。たとえば、店の人がよく客と雑談をしていたり、なにか頼みごとをされたりしているようなら……。

そこで僕が思いだすのは、大阪・水無瀬《みなせ》の長谷川書店だ。

ある日、訪れると店内にピアノが置いてある。常連客の一人から、自宅にスペースがないので預かってほしい、と頼まれたのだという。営業中はその上に本を並べるなど棚として使用する場合があること、うるさいので弾きたいときは閉店後に来ることを条件に引き受けました――店長は、ちょっと迷惑そうな、でも面白がっているような顔を見せた。

さすがに度が過ぎている？　だが、あの人ならなんとかしてくれる、と頼られる本屋は、やはりどこか魅力的なのである。

そういえば、神戸の古本屋・トンカ書店も……本だけでなく、缶バッヂとか旧いポータブルMDプレイヤーとか、不要になっただけ、使えなくなっただけとしか思えないガラクタを、これはあげる、といって置いていく常連客が何人かいるというのである。ほんとに困ります……店主はそう言いながら、笑っている。そういう客たちは、いっぽうで米などの生活物資をくれることもあるのだそうだ。

地域と書店の繋がり、というキーワードから浮かぶ事例を挙げていくとまさにキリがないので、次のエピソードで終わりにしたい。

秋田県横手《よこて》市の金喜《かねき》書店を訪れたとき、ほかではあまり見かけない光景に遭遇した。平日の午前中に、中学生が制服を着たまま漫画の立ち読みをしているのである。しかも連日、行くたびに一人か二人。珍しい光景ではないようで、店主やスタッフが気にとめる様子もない。

これは、二つの点ですこし変わっている。まず、中学生が白昼に堂々と学校をさぼっているということ。もうひとつは、多くの書店で行われている漫画本のビニールパックを、この店はしていないということである。もちろん、地域の子どもたちが立ち読みをしやすいように、つまり書店で過ごすことが習慣化するように、そうしているのだ。ま、立ち読みは歓迎ということです、座って読んでる子がいたら叱ります、と店主は言った。

平日の昼間に、通学カバンを持った中学生が立ち読みをしている。これをケシカランというのは表向きの道徳で、地域にとっては安心できる光景でもあるのだ。その生徒は、なにか理由があって学校へ行きたくない。かといって、家にもいられない。そんなとき、誰にも見つからない場所に隠れてしまうよりは、地域の皆が知っている金喜書店で過ごしてくれたほうが安全なのである。

三代続くこの書店では、こうした姿勢が伝統として受け継がれているようだった。創業者が店を開いた昭和のはじめ頃は、近所の子どもたちに雑誌をつくらせるなど課外教育的な活動をしていたというエピソードもある。

金喜書店で、二時間余りも一心不乱に漫画を読んでいた中学生の後ろ姿。

地域における本屋の役割を考えるとき、僕はいつもあの光景を思いだす。

ラディカルに営む

京都に誠光社《せいこうしゃ》という書店がある。オープンは二〇一五年一一月。店主は、恵文社一乗寺店《けいぶんしゃいちじょうじ》という書店で店長を長く務めた人だ。

まだ開業三年目だが、たびたびメディアにとりあげられる人気店である。そもそも恵文社一乗寺店が、本好き、本屋好きの集まる店で、その立役者だった店長が独立して始めたことも注目された理由だが、この店にはもうひとつ、重要な特徴がある。

誠光社では、店に並べる本を出版社から直接仕入れることを基本方針としている。これは、定価販売の本を中心とする書店（いわゆる新刊書店）のなかでは、とても珍しいことである。

ほとんどの新刊書店は、取次という出版流通業者から書籍や雑誌を仕入れている。仕入れや返品に関わる作業を発売元の出版社ごとに処理するのは手間がかかるし、どうしても幅広い品揃えが難しくなるからである。

取次から仕入れた本を売った場合、書店の取り分は二二パーセント（一〇〇〇円の本なら二二〇円）前後であることが多い。きわめて大雑把にいえば、残り七八パーセントのうち、出版社（著者を含む）の取り分は七〇パーセント前後、取次の取り分は一〇パーセント前後。老舗や大手の書店と出版社は、他の同業者より数パーセント多くとっていることも多い。

取り分が二二パーセントほどしかない。これは、新刊書店の経営を困難にする原因のひとつとされてきた。だからといって出版社や取次が自分の取り分を削るわけにもいかず、状況はなかなか変わらなかった。店内にカフェをつくったり雑貨を売ったり、本以外の商品も売る書店が多くなっていることは、さっきも書いた。これは、本が以前より売れにくいとされている時代に来店してもらうきっかけを増やす目的もあるが、小売店の取り分が多い商品も売ることで、本の利益の少なさを補っている場合も多い。

そうしたなかで誠光社は、取次を使わずに出版社から直接仕入れ、三〇パーセントの取り分で書店をやっていくことにしたのである。

もちろん、簡単なことではないだろう。多くの出版社は取次に卸す流通システムに慣れているから、「直接仕入れたい」という誠光社の要望に応えられるところばかりではない。仕入れや返品の作業は出版社ごとに処理するから、取次を通じて仕入れるよりも手間はかかる。だが店主は、それらを自力で乗り越え、「書店の取り分は三割」の確立を目指している。

店主がこれを打ちだした背景には、勤めていた書店での経験がある。恵文社一乗寺店はたしかに魅力的な書店だったが、利益を確保していくには、おしゃれで高価な雑貨の販売やイベントの開催など、本以外のものを売ることに割く時間がどうしても多くなった。

店をやっていくとはそういうこと、といえばそれまでの話だ。

でも、それではなんのために本屋をやっているのか？　客に本の魅力を伝え、買ってもらうことが本来の姿だとすれば、本をきちんと売っていれば食っていける店をやっていきたい。そんな本屋は不可能なのか？

根本的な問題の解決に、誠光社は挑んでいる。

青臭い、という人もいるかもしれない。たしかに、店主の描いたプランが実現するかどうかは、いまのところはわからない。

だが商売とは、自分でやり方を考え、汗をかきながら試行錯誤の日々を送っていくものなのだろう。僕は、誠光社の試みに共感した。そして、物書きをしている自分を顧みることにもなった。なんのために書くのか、原稿を出版社などに売って対価を得るとはどういうことなのか、根拠のない慣習にとらわれて自分の道を狭めてはいないか、といったことを考えるようになった。

この数年は、韓国、台湾といった隣の国の書店を訪れる機会もあった。

もちろん、海の向こうにも本屋がいる。

去年、印象に残った書店のひとつが、韓国の「森の中の小さな本屋」である。店名から伝わるとおり、首都ソウルの中心街から電車、バス、タクシーを乗り継いで三時間ほどの、のどかな田園風景にポツンとあった。

この書店の特徴は、「店に入った客は最低でも一冊は買わなくてはいけない」というルールを設けていることである。敷地の入口に、このことを明記したメッセージボードが掲げられている。

冗談じゃない、と思う人もいるだろう。たしかに正しいやり方とはいえないかもしれない。じつは店主も、いつかあのボードを掲げなくてもよくなることが願いだ、と話していた。

なぜ、そんなことをしているのか？

近年の韓国はブックカフェなどが続々とオープンし、ちょっとしたブームのようになっている。「森の中の小さな本屋」にも、デート中の若い男女や田舎暮らしを考えている親子連れなどが、個性的な外観に興味をもって入ってくることがよくあった。ところがそういう人たちは、店の内外の写真を撮りたがったり、土地代や建築費用を知りたがるばかりで、並べている本には関心をもたない。

小売店として続けていくことだけが目標であれば、本を買わない客からも売り上げをとれるように、雑貨や飲食物でも用意することが常道かもしれない。

だが、「森の中の小さな本屋」の考えは違っていた。

店主はかつて、市民の読書環境の充実を目指し、公共図書館の増設を訴える運動をしていた。これは、国の歴史と密接に関わっている。韓国は一九八〇年代後半まで軍事政権下にあり、報道や言論の自由が極端に制限されていた。この時代をリアルタイムで体験している世代にとって、読書はとても大切なことなのだ。

書店を営む現在も、根っこにある思いは変わらない。マスコミが仕掛けるブーム、権力者が放つ短くてわかりやすいフレーズに乗せられず、自分の目で社会を見つめられる市民であってほしい。そのためには本一冊分の文章を読み解き、自ら考える力をつけてほしい。いまの私たちには、それをする自由があるのだから……。

一見すると奇抜なメッセージには、そんな意味が込められているのだ。一九八〇年代まで戒厳令下にあった台湾の書店を歩いたときも、同じような理念をもつ本屋と多く出逢った。誠光社や「森の中の小さな本屋」のような本屋は、じつにラディカルだと僕は思う。「ラディカル」には「先鋭的」と「根源的」という、二つの意味がある。彼らは業界や社会の現状に対して「先鋭的」だが、なぜそのような行動をとったのかをきくと、「根源的」なところで解決を図っていることがわかる。

彼らのラディカルな姿勢は、まさに「本」によって育まれたのだと思う。本は、読者である僕たちに新たな知識や感動を与える。この社会がどのように成り立ち、自分が社会とどう向き合っていくべきなのかを考えさせる。本それじたいが、ラディカルなものなのである。

さて――。

品揃えへのこだわり。

地域を活かし、地域に生かされる姿勢。

ラディカルな精神。


本屋について、三つの特徴を書いてみた。語るべき要素は、他にもあるかもしれない。とりあえずいまの僕は、とくにこの三点を備えている本屋、そうなっていく可能性をうかがわせる本屋を「良い」と思っているようである。

最後に、すこし付け加えておきたい。

まず、ここに紹介した本屋たちは、それぞれ一つずつの特徴をもっているのではなく、ほとんどが三つを兼ね備えていると思っている。そして僕が出逢っただけでも、そのような本屋はここに挙げきれないほど大勢いる。

それと、この三つを備えた本屋は長く生き残る、といいたいわけではない。「良い本屋」でありながら書店としては続かなかった事例を、これまでにたくさん見てきた。ただ、続けることはできなかったけれど、そこへ通った人たちの記憶に残り、次の「良い本屋」を生む種になっていると思う。

本屋とはなにか？　なぜ、本屋はいまも新たに生まれつづけるのか？

答えに辿りついた、とはいえないだろう。疑問は残る。たとえば、彼らの売るものが本（紙を束ね、製本した出版物）でなくてはいけない理由は何か？　すでに本がもつ機能のほとんどは、紙を使わなくても果たせる。だとしたら、いつか本屋も消えるのだろうか？　やがて消えてしまうものだからこそ、僕は惹かれるのだろうか？

ともかく、まだしばらくは本屋を巡るつもりだ。

あなたは、どうか？

無理強いするつもりはない。他人に強制されるようなことではない。

ただ、本屋から得られることはとても多い。それだけは保証する。

石橋さんのこの原稿を読み終えた時、本屋の何気ない日常を思い起こしていました。何気なくそこにある日常の中に、本屋があることはどんな意味があるのだろうか。その地に住む人にとっても、そしてそのまちにも。そして同時に、やはりこの言葉が頭に浮かびました。「身の丈」という言葉が。石橋さんが「良い本屋」の持つ三つの特徴として挙げた、品揃えへのこだわり・地域を活かし、地域に生かされる姿勢・ラディカルな精神。それは、僕の考える「身の丈」の本屋と、もしかしたら同義語に近いのかもしれません。

品揃えは、背伸びや無理をせず、自身の責任においてこだわるべきものですし、地域を活かし、地域に生かされる姿勢は、自身の置かれている位置を知ってはじめて、かたちづくることができるのです。

ラディカルな精神、いわゆる変わりゆくことに寛容な気持ちを持つということは、まさに置かれた現状を認識しているということでしょう。「どうせできないよ」の声が多いこの業界の中でも、変革の向こうに本屋存続の望みがあると、奮闘している方もたくさんいます。「できないこともある」。これもまた、大切な身の丈であることは間違いありませんが、ここで一旦話を戻そうと思います。

「本の持つ力」とは、なんだろうか。

本屋をすることとは、それを問い続ける日々でもありますが、まさにその根幹に触れる出来事がありました。

二〇一一年三月一一日。東日本大震災が発生しました。あの震災は、僕の本に対する意識を大きく変えてくれました。

それまで本屋として、多くの方に一冊でも多くの本を届けることに重きを置いて仕事をしてきました。商売である以上、当然のことだと思います。

しかし、震災を経て、「本を手にする喜び」と「本の持つ力」、その二つを添えて届けたいと思うようになりました。

正直に言うと以前の僕は、本が売れない理由として、他の娯楽と比べて、本は嗜好品であり、気持ちと時間と経済的に余裕がある人が読むものだから、と捉えていた面がありました。けれど東日本大震災は、その考えが間違っていることを気付かせてくれました。

本は、嗜好品ではなく、必需品だったのです。そして、本を扱う本屋もまた「嗜好品を販売する空間」ではなく、「地域にとって必要とされる空間」だったということを実感しました。

僕が、震災時に経験した出来事は、『まちの本屋』に詳しく記しているので、同じく東日本大震災で甚大な被害を被《こうむ》った宮城県に住む書店員・鈴木典子さんに、あの時感じた本の力と本屋の思いを綴ってもらいました。

東日本大震災で、東北の本屋が考えたこと

鈴木典子（ヤマト屋書店仙台三越店）

あの日から、何が変わったのか?

あの日のことは余りにも強烈な記憶のため、思い出したくないのが本音だ。しかし三・一一以降の書店を語るには、その少し前に遡《さかのぼ》らなければならない。

リアル書店が低迷し始めた二〇〇〇年以降、各書店は挙《こぞ》って手書きポップを書き、ヒットが出ると、その書店のポップを版元が上手く印刷して全国で展開する、という紋切り型の書店が出来上がっていった気がする。

大型チェーン店はとくにその傾向が強かった（私が当時勤務していた書店も徐々にそうなっていた）。どこに行っても同じ本が表紙を出して陳列され、ベストセラー台に並び、面白味を欠いていた。お客様もそのどこに行っても同じ、に安心していたところもあるし、飽きていたの

も事実だと思う。

そんな時期に起こったあの大震災。読書どころではない現実が東北地方を襲った。

あの日から何が変わったのだろうか。

復旧した書店に人が行列を作り、津波や震災の記録を買い求めた〝震災バブル〟。

あれほど人々が本、紙の媒体を求めた時期があっただろうか？　私が書店員として働いた一八年間にはなかった現象をあの時、目の当たりにした。

並んでまで欲しいものが書店にあったからこそ〝震災バブル〟は起こったのだと今、冷静に考えればわかる。自分達が避難していて、ライフラインも断たれた時に見られなかった震災の現実や情報が書店にはあったからだ。

では、震災から年月が経った書店には人々が欲しい情報はないのか？　と、問われるとそれは違う。情報が無いわけがない。日々新刊が発売され、雑誌が店を賑やかに飾り、震災前と変わらぬ状態になっている。なのになぜ今、出版不況と言われているのか？

本より魅力的なコンテンツが増えているせいなのだと私は思っている。スマホやタブレットが本を読む時間を奪ってしまっている。勿論それらを使って活字を読んでいる人は沢山いる。しかしゲームやSNSを楽しむ人の方が多いのではないだろうか？

震災の時、停電時に本が活躍したのは言うまでもない。手元に物体としてあり、何度でも読める。避難所で『コロコロコミック』や『週刊少年ジャンプ』が回し読みされたのはデータではなく本という形態があったから。そして、その本の話題を人と話して楽しむという、実にシンプルな読書の楽しみ方があった。

知れば知るほど奥深い仕事

読書は一人でも楽しめるけれど、その本について他者と語り、評価したり批判したりするのも楽しい。これからの書店はそのシンプルな楽しみ方のお手伝いをする場になっていくのだと思う。本の面白さを売り場で確かめて、手に取ってもらえるような独自のＰＯＰを書く。さらにその本を読んだ方におススメしたい本をさり気なく隣に置いてみる。これから流行りそうなものに関連するコーナーをいち早く作り足を止めてもらう。

書店に足を運んでくださる方は何か面白いものは無いかな？　と探している方が多い。その方々に本を手に取ってもらう工夫がなければ、購入には至らない。購入するきっかけが欲しいから、ＰＯＰやランキングの掲示物を見る。そのもうひと押しがお客様の背中を押す。ディスプレイが可愛い、ふと立ち止まる、本を手に取る。想像力溢れる売場を作れるお店はお客様に愛されるお店になるのだと思う。

二〇年以上仙台で書店員をしてきた。その間勤めるお店は何度か変わった。初めに勤めた書店は、宮城県内に支店が何店舗もある老舗書店だった。

その本店は仙台の一番町という繁華街にあり、ガラス張りの店の外にはファッションの先端を身にまとった若者が闊歩していた。街をながめるだけで流行がわかるような店で青文字系と呼ばれる女性誌が売れ始めた時代だった。

その後、会社の都合で閉店となった。同年、仙台駅前に全国チェーンの大型書店がオープンし、私はそこに勤めた。専門書や洋書もあり、書店員として、多くの見聞を広げさせていただいた。

震災をその店で経験した。震災後、本に対する気持ち、地元に対する感情に変化があり、地元を拠点とする書店で働きたいという思いが強くなり、今に至る。地域の人々に愛され、身近に本を感じて仕事をする喜びを日々感じている。

百貨店の地下にあり地下鉄の駅と直結している現在勤務の店舗は、ターミナル型と呼ばれる店の良さと、百貨店の顧客である年配のお客様も多く、時代小説や、新聞広告掲載の本がよく売れる店で幅広い年齢層にご利用いただいている。

厳しい状態にある出版業界だが、私は書店を嫌いになったことはない。知れば知るほど奥深い仕事だと思って棚をさわっている。

お客様と会話し色々教えて頂くことも沢山ある。勿論、その中には子どものお客様も含まれる。私は、勇気を出して欲しい本を尋ねてくれたお子さんには、たとえ親御さんが一緒でもお子さんのほうにわかるように話すことにしている。するとお子さんは精一杯自分がわかること、どんな話か、絵がこんな感じだった、など楽しそうに話してくれる。親御さんに「あちらの棚にございます」では味気ないしつまらないと思う。本が好きなお子さんは書店の未来を支えるお客様なのだ。

コミック一冊、児童書一冊でも尋ねてくれるのは嬉しいことだ。大人のお客様は目的の本の在庫が無ければ何も買わず、何も言わず帰ってしまう方が多い。自分の働くお店に期待されていないのだな、と思うと寂しい。「○○が無いけどいつ入るの？」「発売日いつ？」など一言でも声をかけて頂けると、書店としてはありがたい。

会話が出来る書店員でありたいし、後輩たちにもそうであって欲しい。書店は異世代間の社交場なのかもしれない。全世代が訪れる店はアパレル店や飲食店でも数少ない。異世代交流が盛んに行われる店、家族で訪れて、みんなが欲しいものがある店、飽きずに何時間でも居られる店、そんな素敵な場所がいつまでも書店であることを切に願ってやまない。

東日本大震災から五年後の二〇一六年、九州地方でも大きな地震が発生しました。熊本地震です。その地震の影響で、店を閉めざるを得なかった本屋がたくさんありました。

遠く離れた地で、東日本大震災当時の出来事を思い出しながらみなさんのご苦労を想像し、一日も早い復旧と復興を願うことしかできない自分がいました。

その熊本県に転勤していて、被災した友人の書店員がいました。その時に感じた本の力と本屋への思いを、綴ってもらいました。

火の国くまもとに見る、本屋の情熱と本の街

山本 護（紀伊國屋書店熊本はません店）

きっかけと記憶

「熊本は、〝本の街〟だと思う」

昨秋寄稿した書籍刊行トークイベントで、知り合いの書店員さんの放った台詞は、いまだ記憶に残っている。

その問いへの真正面からの答えを日々自問しながらも、田口さんから声をかけていただいたおかげで、本屋の楽しみ方と熊本の本屋を少しでも紹介したいとの思いに駆られた。

今回、寄稿することになったきっかけは、お読みになっている方はご存じであろう、四・一四熊本地震である。

東北で震災に遭遇されたヤマト屋書店の鈴木さんと同じ章で、被災地からのメッセージを述

べるにあたって、まずこの一冊の本を忘れることはできない。

稲泉連《いなずみれん》著『復興の書店』。

「緊急発売されたグラフ誌や週刊誌、住宅情報誌が売れ、お礼状の本が売れ、震災特集の雑誌は一人の客が四〜五冊をまとめ買いしていく」地震に遭遇し、かつ目の前で、読んだあの光景を目撃することになるとは、当時の私はまったく思いも寄らなかった。

それは、画面越しで東北の方々の大変な状況を目の当たりにした熊本県民にとっても、同様だったに違いない。私たちのあの連鎖の衝撃に負けず奮闘する姿と、「本屋の楽しみ方」に触れていきたい。

熊本での本屋の楽しみ方と、ひとびとの奮闘ぶり

地震後に、「本屋は必要ないのではないかと感じた」と、某業界紙の取材に答えた先輩書店員がいた。二〇一六年一一月にようやく営業を再開された金龍堂《きんりゅうどう》まるぶん店（熊本市中央区）の荒川店長（当時）である。軒先に〝かっぱ〟像のある本屋さんとして地元の人々に愛されていることは、半年ほど下ろしていたシャッターに掲げられていた休業を知らせる紙に集まっていた寄せ書きをみると、体感することができる。

本屋の個性が最も如実に表れるのは、郷土棚だと個人的に思っている。まるぶんの棚を見る

と地元出版社や地元出身著者、地元新聞書評に取り上げられた本や、地元に関する話題を扱った本たちが並ぶ。地震被害による改装のため、規模は以前より大人しくなったものの、地域に関する本が重層的に陳列され、地域の情報と交流できる棚構成を見ると、地元に存在する意義を垣間見ることができる。

また、上通商店街の中にあり、一〇〇坪ほどのいわゆる町の本屋で、地元の人々に〝ながしょ〟と呼ばれ親しまれる長崎書店（熊本市中央区）も、熊本を語る上で欠かせない。例えば、ギャラリーと店内スペースを駆使し、江口寿史さん、ヒグチユウコさんはじめ、作家・漫画家さんたちの展示や商品販売などの企画やイベントなどの積極的な仕掛けも行っている。地震後に避難所となった小学校への読み聞かせなどの取り組みは、長崎社長の言葉を借りれば「長崎書店らしさ」が存分に発揮されている。

棚についても、入口すぐ左手に芸術・写真集、右手に文芸・人文棚があるなど配置には「文化の発信基地」としての意志と哲学が感じられる。いつ通っても新しい発見があり、レジ周りに置かれたフライヤー（宣伝用のイベントチラシ等）の種類も、存在感を放っている。

商店街を南に下り、市電に飛び乗って、一五分ほどのところには姉妹店の長崎次郎書店（熊本市中央区）が、城下町の古き良き町並みのある通りに面している。入口すぐには雑誌が配置され、文庫やコミックのセレクトの光る、より日常使いを意識した商品構成になっている。

その帰路には、市電沿いからほど近い、橙《だいだい》書店（熊本市中央区）へとめぐる行程がオススメである。地震後に、代名詞でもあったカフェと書店のスペースをつなぐ通り穴のある場所からは、移転を余儀なくされたが、詩歌、翻訳小説など極めて厳しい目で選書されたタイトルたちが存在感を放つ店内には、市内中心部の公園を眺めることもできるカフェスペースがある。熊本出身の石牟礼道子《いしむれみちこ》さんはじめ、渡辺京二《きょうじ》さん、伊藤比呂美《ひろみ》さん、坂口恭平《きょうへい》さんといった熊本にゆかりのある書き手による文芸誌『アルテリ』や、村上春樹さんによる朗読会など、熊本の読書文化を牽引する取り組みがなされており、評判をよんでいる。

ほかにも、坂口恭平さんが関わるポアンカレ書店（熊本市中央区）は〝ながしょ〟近くにあり、国内外の小説や写真集だけではなくアート作品なども販売し、洋風のお城のような建物の存在感も相まって、センスの光る独特の空間を作り上げている。最も新しいmychair《マイチェア》books（熊本市中央区）では、セレクトされた新刊書とサブカル系コミック、絵本などを主に取り扱っている。

これまで新刊書店をご紹介したが、本を読む空間はそれだけとは限らない。明治一〇年（一八七七）創業の舒文堂《じょぶんどう》河島《かわしま》書店や、大正五年（一九一六）創業の天野屋書店の二店舗は一〇〇メートルほどの距離である（さらにいえば、まるぶん、ながしょ、ポアンカレ、マイチェア含めて半径一五〇メートルほどに七店が集まっている）。

前者は、九州を中心とした郷土に関する史料棚を主に専門とし、店を訪ねていたという漱石などの文学研究棚があるなど、神保町古書店街にある店舗とも遜色のない重厚さを持ち合わせている。

後者は、先述したまるぶんの荒川さんも関わる地元の読書イベント〝本熊本《ぼんくまほん》〟や、九州限定流通という出版業界でも前代未聞のアイデアを実現させている出版社の伽鹿舎《かじかしゃ》など、地元に根差した取り組みを積極的に支援している。

この二店舗の真ん中には、地震後に営業を開始した古書汽水社があり、音楽と各テーマを派生させた文脈でつなげる〝文脈棚〟の店内を巡る楽しみを提供している。

熊本の本屋で売上トップを走るのは、市内中心部に位置する蔦屋書店熊本三年坂（熊本市中央区）である。地震当時はリニューアルオープンに向けて、部分営業と改装が同時並行で行われていた。だが、揺れによる建物の被害もあり、全面オープンは六月となったが、本だけではなく文具や雑貨、カフェとを融合したスタイルで、アパレルやコスメショップも入居し、熊本中心部でも抜群の集客を誇っている。

また梶尾真治《かじおしんじ》さんや高浜寛《たかはまかん》さんなど地元作家・漫画家を呼んだイベントも積極的に行われており、SNSでの発信や交流も盛んに行っている。SFなどのオススメ本を選書したフェアやフリーペーパーなどもあり、県内外から「観光地」として訪ねていきたくなるような魅力ある本屋を目指している。

ほかにも、奮闘する本屋を県内でみることができる。

阿蘇《あそ》にある井野書店は、地震後に観光客が激減してしまった阿蘇・内牧《うちのまき》温泉に近接する本屋である。町全体で取り組んだ印象的な外観、そして店内には駄菓子屋さんや文具もあり、ニーズのある商品を用意した居心地のよい近所の本屋として、存在感を示している。

また甚大な被害を報道されて知られることになった阿蘇神社から連なる門前商店街には、家《いえ》入《いり》書店がある。阿蘇・熊本に関する書籍も厳選してあり、小さな坪数の中で復興を応援する人々からの需要にも応えている。

さらに南阿蘇で活発に活動を始めた、ひなた文庫（南阿蘇村）や移動本屋さん310《サンイチゼロ》Books（南阿蘇村）も南阿蘇鉄道の駅や軽自動車というユニークな空間の利用法を示し、積極的な情報発信で新しい本屋像を提起している。

熊本南部に目を移せば、特にコミック分野に注力した金龍堂八代《やつしろ》ファースト文庫店（八代市）など、強みを生かした本屋がある。

紀伊國屋書店熊本はません店（熊本市南区）やTSUTAYA田崎店（熊本市西区）など、地震後に一年近く休業していた本屋たちの顔も戻ってきた。熊本県立図書館（熊本市中央区）やプラザ図書館（熊本市中央区）も全面再開するなど、〝本の街〟熊本における読書を巡る環境はようやく戻り始めてきた。

『復興の書店』、『紙つなげ！　彼らが本の紙を造っている』、『震災編集者』、『まちの本屋』。本に描かれる東北の人たちの背中を見て、頑張らなければと発奮する書店員がいる。読者、出版社、作家・漫画家さんからの応援で奮闘する書店員がいる。熊本にはよ来なっせ。本屋でまっとっとばい。

非日常の中でこそ感じることのできる日常の大切さ。なくなって初めて気づかされる〝当たり前〟があります。

ここで、僕が聞いた忘れられない子どもたちの言葉を紹介したい。

「やっと本屋ができてくれてうれしかった」
「本屋ができるのをずっと待ってたんです」

岩手県の沿岸部に位置する、陸前高田《りくぜんたかた》市立高田第一中学校の生徒の皆さんが発した言葉です。

陸前高田市は、東日本大震災でもっとも大きな被害を被った地域です。営業していた本屋も津波に飲み込まれ、経営者であるご夫婦も亡くなりました。

巨大な津波に、街を営みごと奪われた陸前高田市のみなさんの苦しみと悲しみは、想像を絶するものだったでしょう。

その本屋は、伊東文具店といいます。津波で亡くなった店主の兄の伊東氏は、仮設店舗を経て二〇一七年に、現在のアバッセたかた内に伊東文具店を再建しました。

それまでの道のりは、本当に大変なご苦労があったと聞いています。なぜ、そんな苦しい想いをしてまで再建に取り組むことができたのでしょうか。

そこには、まちに本屋を、子どもたちのそばに本を、という強い想いがありました。

先ほどの子どもたちの言葉は、僕の本屋としての仕事の中でとても大切にしている「中学生への読書推進活動」の一環として、高田第一中学校で読書の出前授業をしていた際に、子どもたちが話してくれたものです。

指導する先生の情熱もあるのでしょうが、今まで様々な中学校で出前授業をしてきた経験の中でも、本への興味をもつ生徒が群を抜いて多い学校という印象が残っています。

子どもたちは、伊東文具店が再建されたことを喜び、誰かに頼らず、自分たちだけで行ける場所に本屋ができたことのうれしさと、本に触れることができる場所があることのありがたさを、口々に語ってくれました。

先日、伊東氏とお会いする機会があり、出前授業での子どもたちの様子を伝えることができました。本当にうれしそうに話を聞いてくださった伊東氏の顔は、今でも忘れることができません。

なくなって初めて気づかされる〝当たり前〟がある。

それは、本屋だけではなく、全てに通じることだと思います。

最近、本屋に足を運んだのはいつですか？

田口幹人

「若者の活字離れ」ってなんだ？

この章の最後に、本と本屋をとりまく現状について、お話ししましょう。

はじめて「若者の活字離れ」という言葉が使われ始めたのは一九七七年ごろだと言われています。それから現在にいたるまで、約四〇年もの間、活字離れが進んだことになります。

「若者」という定義は曖昧ですが、元となる統計のサンプルを見ると、二〇歳前後の大学生が対象となっています。最初に「若者の活字離れ」と言われた当時の二〇歳の若者は、四〇年の時を経て、現在では還暦を迎えようとしています。

その事実を知った時、僕も驚いてしまいました。活字離れも高齢化が進み、現役と言われる世代の全てが、「若者の活字離れ」に当てはまると言えるのです。

でも、果たしてそうなのでしょうか？

「活字離れ」が言われるようになった前半の二〇年間は、〝生活様式の変化〟が、その主な理由として挙げられることが多かった時代です。

一九七七年の日本経済は、国際収支が過去最高を記録するなど好調で、レジャーや娯楽が多様化していった時期でした。ピンク・レディーが全盛期を迎え、テレビゲームが登場しはじめ、『間違いだらけのクルマ選び』（草思社）が書籍年間売上第一位を獲得しています。

「活字離れ」に拍車がかかった大きな理由として、人々の〝生活の多様性〟が挙げられるのも、確かと言えるでしょう。

一方、後半の二〇年といえば、バブル経済が崩壊し、景気の後退期に入ってゆく一九九〇年代中盤以降のことで、日本は大きな転換期を迎えました。

雇用体系や賃金体系が大きく変わり、消費動向にも変化が現れました。時間に追われ、生活を維持するだけで精一杯という時代となります。

経済成長の上り坂を上りきり、緩やかに下り坂を下り始めた現在では、自宅の書斎でのんびりと読書をするという時間や空間は、もはや贅沢や嗜好の部類に入るのかもしれません。

この後半の二〇年間の「活字離れ」は、新聞や本を読む〝時間の減少〟が主な理由として語られてきました。

それは、出版販売額を見ても明らかでしょう。「活字離れ」の前半の二〇年間までは、出版販売金額は右肩上がりで増え続けてきました。しかし、後半の二〇〇〇年が始まるころの一九九六年にピークを迎え、その後減少し続けます。さらに二〇一六年には、一九八一年の水準にまで後戻りしてしまいました。

本が売れなくなった時代を反映するように、本屋の数も激減しました。販売額のピークである一九九六年には約二万六〇〇〇店だった書店数は、二〇一七年には一万三五七六店と、実に半数程度にまで減少しています（ＪＰＯ書店マスタ管理センターより）。

コンビニエンスストアやネット書店における出版販売額をあわせてもなお、前年を超えられないというほどの、本が売れない時代となっているのです。

「本が売れない＝本が読まれない」ではない!?

インターネットが普及し、パソコンや携帯電話などで常時ネット空間と繋がることが当たり前の暮らしをしている僕たちは、新聞やテレビより、インターネットで情報を得る時間が増えました。

しかし、それを活字として認識しているかどうか。そこを考える必要があるでしょう。

パソコンや携帯電話の画面に表示される情報も、文字の羅列です。それをも活字に含めるとしたら、「活字離れ」という表現は当てはまらないでしょう。むしろ、活字を目にする時間や空間は増えているのではないか、とすら感じます。

それでは、なぜ「活字離れ」という表現がこの四〇年もの間使われ続けてきたのでしょうか。

「活字離れ」の背景には、新聞の発行部数や本の販売額の減少があるのでしょう。新聞社や本屋や出版社など、業界の業績不振が「活字離れ」と言われる原因になっていると考えることができます。

けれども「活字離れ」が言われ続けたこの間、公共図書館や学校図書館などの整備や、「朝の読書運動」の推進なども通じて、小学生から高校生までの読書量は、一九八〇年から現在にいたるまで、ほぼ横ばいの状況で推移しているのです。

「活字離れ」という言葉は、じつは「本屋離れ」を表す言葉に置き換えた方がいいのではないか？

そう考えたとき、本をめぐる現状は、「活字離れ」ではなく「本屋離れ」という言葉がしっくりとくると感じました。本屋の側に身を置くものとして、その現実を受け入れることから始めなければいけないと思い、僕は常々そう語り続けてきました。

近年はニュースで苦境が伝えられますが、古書取扱いチェーン店のブックオフは、一九九一年の創業以来店舗を増やし続け、現在では全国で約八〇〇店を超えています。

さらに、図書館の整備も進み、公共図書館の利用者数と貸し出し冊数は、一九九七年から二〇一七年にかけ、約四億四千万冊から約七億二千万冊へと、一・六倍に増加。学校図書館にいたっては、利用者数と貸し出し冊数は約二・一倍となっているというデータもあります。

この数字を見ると、「読書」＝「本屋で本を買うこと」だけではなく、「古書、図書館の利用」も含めて考えるべきと言えるのではないでしょうか。

つまり、本が読まれるかどうかという「本の未来」と、本屋があり続けるかどうかという「本屋の未来」は、違うということなのかもしれません。

自戒を込めて言えば、この四〇年間、この業界は本屋という形を維持するために、経営と効率を優先し、業界内の理屈を店頭に持ち込み、本屋が本と読者に寄り添おうとしてこなかった。その部分にこそ、「本屋離れ」を招いた理由の一端があるのではないでしょうか。本屋の業界の住人としては、悔しさと歯がゆさを感じていますが。

本屋離れ、出版不況、書店空白地……。本屋をとりまく環境は、年々厳しさを増していますが、はたして本屋という空間に魅力がなくなったのでしょうか。

本屋のシステムは目覚ましく発展したけれど……

こうした縮小してゆく業界の話題は、おおむね内向きの議論になりがちです。本屋業界もまた、内向きの議論が多い業界だと感じています。

売上が減少するにしたがい、経費の削減という現実に直面し、売場の効率化とシステム化を推し進め、人件費を抑制する動きが加速しました。

この間、本屋を運営・管理するシステムは、目覚ましい発展を遂げたと思います。当初使いづらかったシステムは、改良を重ねて便利になり、その充実ぶりは全てのメニューを使いこなすことができないほど。

それによって、地方に店を構えながら、都市圏の売上データを確認し、全国的なトレンドも押さえた店づくりをすることができるようになりました。

売上データ上位の商品は、多くのお客さま、つまり読者が求める本として優先的に発注され、本屋の棚に納められていきます。本屋側から見たら、確率論としてお客さま（読者）に買っていただく機会が多い本、という認識があるからです。

本来は、そこに地域性やその店の意志による本が差し込まれ、その地に合った本屋の棚が構成されているはずでした。かつて多くの書店員は、自分のお店の棚に独自性を生み出すための手段として、システムを使っていたような気がしています。

しかし、売上の減少にともない、それができる書店員が売場から離れていきました。独自性を担保してきた書店員の減少は、システム化をさらに推し進め、システムは、入荷した本が置かれる場所をも指示してくれるようになりました。

本を読まず、本の知識のないスタッフが、指示された場所にその本を並べてゆく。棚に入り切らなくなった時は、機械に棚に並ぶ本のバーコードを読ませると、その本が直近でいつ売れたのかを教えてくれ、それが古い順番に棚から外され返品される。売れる可能性が低い本として……。

本が売れない、売れないと言われ続けていますが、それでも出版点数は年々増え続けていて、一年間で約八万点の本が新刊として発行されています。

いくら大きな本屋でも、棚には限界があります。全ての本を並べることはできません。新しい本が入ることで、いずれかの本を棚から外す作業が必要となります。その際の基準をどこに置くのかが、その本屋の特徴となっていきます。

その作業を、全国的なランキングを基にした、「売れる可能性のある本」というデータのみで行うと、同じ棚の本屋ができます。店の大小・棚の数は違えども……。

とはいえ、人件費を抑えつつ本屋を運営するには、この方法は一つの選択肢となります。効率的な店舗運営をしないと、店を、会社を維持することができないという現実が立ちはだかっているのです。本来、道具の一つとして使うはずのシステムに人が使われている違和感。そこが身の丈との分岐点なのかもしれないと感じています。

「本屋を維持するための効率化が、〝金太郎飴書店〟を生み出した」という意見を耳にすることがあります。

正確には、金太郎飴書店に見えてしまう本屋を生み出した、と言えるのかもしれません。どの本屋に立ち寄っても同じように見えてしまう。本という商品を扱っている以上、環境を変えたとしても、お客さまには同じような品揃えに見えてしまうのでしょう。

しかも、ある一定の販売データを基に棚が構成されている本屋が増えたのですから、お客さまにはなおのこと、同じような品揃えに見えてしまい、それが、本屋から人の足を遠ざける要因の一つとなったのかもしれませんね。

金太郎飴書店なんてない

しかし、品揃えが全て同じという金太郎飴書店は、存在しません。そのような本屋がないと断言できるほど、全ての本屋を見てきたわけではありませんが、高度にシステム化された環境下でも、棚に意志を持たせようとする書店員たちがたくさんいるからです。

置かれた地域で、置かれた環境で、任せられたジャンルの本を、その棚の前で立ち止まってくれる読者を想像しながら棚に差し、平積みをつくる書店員たちが。

本屋の数だけ、個性があります。書店員の数だけ、違う売場があります。それは、本が一つひとつ違うのと同じように。

しかし、全国の販売データを活用し、システム化された本屋が、標準的な本屋になっている以上、それを強調しても本屋の現状への言い訳にしかならないのかもしれません。

僕が本屋の世界に入ってからこれまでの間に、どれだけ多くの本屋がなくなり、どれだけ多くの書店員仲間が業界から離れていったことでしょう。

それには様々な理由があるでしょう。システムの発展と反比例するように、優秀な人材が業界を去ったこともありました。僕が勤めるさわや書店でも同じようなことがあり、人が去ったために余裕がなくなり、棚をつくることに専念できない時期もありました。しかしそれでも、僕は、棚に意志を持たせようとする書店員になりたいと思い続け、ここまでやってきました。

本屋最高！　と叫ぶつもりはありません。逆に、かつて経営していた本屋を倒産させたことのある者として、本屋の現実を見つめているつもりです。

だから、金太郎飴書店に見えてしまう本屋が悪い、などと言うつもりはありません。むしろ、本屋という売り場をその地から消さないために、本屋を維持するための仕組みをつくろうとしてきた努力に、頭が下がる思いです。

僕たちの想いを見てほしい。そう叫ぶつもりもありません。

読者が本屋に足を運ばなくなったのには、本屋側の経営的な努力を押し付けていることに対する反発もあるのだろうと反省しています。

それでも、本屋に足を運んでほしいと願い、日々本と向き合う書店員たちがいます。読者と本との出会いの場となってほしいと願いながらＰＯＰに言葉を添え、棚を耕している書店があります。

本書は、その努力を知ってもらうための本ではありません。金太郎飴書店に見えてしまう本屋の中に、違いを見つけ出す面白さをお伝えすることができたらと思っています。

時代に合わせる形で、変化・進化した本屋が、全国にたくさん生まれています。本という存在に寄り添い続けようとする書店員たちがたくさんいます。みんな、本の持つ力を信じているのです。

本屋は、本を売ることが生業ですが、本を売ることだけではなく、本の持つ力を最大限発揮できるための下支えをしようとしています。

この本では、そうした奮闘を続ける書店員の活動なども紹介しながら、本と読書と本屋の魅力について、みなさんと一緒に考えていきたいと思います。

でもその前に、僕が最近、疑問に感じていることがあります。その疑問とは、

「書店」だけが「本屋」なのか？

ということです。謎かけみたいになってしまいましたが、詳しくは次の章で、お話ししましょう。

第二章

書店だけが「本屋」じゃない。本と読者を繋ぐ人々

第一章でも触れたように、年々本屋の数が減少しています。とくに地方の小規模の本屋は、急速に姿を消しています。

現在、全国の自治体のじつに五分の一の市町村が書店空白地となり、身近に本が買える店がなくなっているのです。

かつては近所の商店街にあった本屋は姿を消し、本を買うには、わざわざ車や電車で近隣の都市圏にまで行かなければなりません。身近にあった本は、「出かけて買うもの」に変わってしまったのです。

それでも、大人はネット書店を利用できますが、子どもやネット環境に馴染めない人たちはそうはいきません。子どもや馴染めない人たちと本との出会いの場は、本屋の減少にあわせて、年々狭められている気がします。

残念ながら、この流れを止めることは難しいでしょう。しかし、書店空白地と呼ばれる自治体の中で、もう一度、本のある空間をつくろうという動きもあります。

僕とさわや書店の仲間たちも、さわや書店という会社の枠組みを超えて、岩手県内の各地で様々な活動をしてきました。読書推進活動として中高生に出前授業をしたり、社会人の読書会のお手伝いをしたり、地域の人と本に関するイベントをしたり……。

そういう様々な活動は公私の線引きが難しく、さわや書店という会社の枠内でやるべき仕事と、やってはいけない仕事があります。だから、後者の仕事は休憩時間や休日を使い、これまでやってきました。もう一度、多くの方々に生活の中に本と本屋があることの豊かさと楽しさを感じてもらいたいと願いながら。

そうやって少しずつ蒔き続けた小さな種が、芽を出し始めました。これからは、個人的な活動の枠から、そろそろさわや書店という会社の枠内へと引き継ぐ必要性も感じています。出始めた芽を、期間限定として終わらせるのではなく、持続可能にするための策を会社に提案しながら、理解を得るために努力しなければなりません。そしてさわや書店なら、きっとやらせてくれると信じています。さわや書店という会社は、そういう会社なのです。

もちろん、僕たち以外にも、様々な形で、読者と本との出会いの場をつくり出そうとしている書店員が全国にはたくさんいます。

自店内で工夫を凝らした売場づくりをしたり、読み聞かせ会や、書評をスポーツのように楽しみあうビブリオバトルを開催したり、店内のスペースを活かし、トークショーや講演会、落語会など、本の書き手と読者の橋渡しをしようと試みている本屋もあります。

もっとも、読者と本の出会いをつくろうとしているのは、本屋だけではありません。「取次」と称される、出版社と書店の間を繋ぐ流通業者、ウェブ上で本好きのためのコミュニティサイトを運営する企業も、今までにない取り組みをしています。

この章では、本屋だけでなく、本屋以外の企業が提供している魅力的な取り組みにも迫ってみようと思います。

まず最初に、一人の書店員の試みから紹介しましょう。その書店員とは、戸田書店掛川西郷店の店長を務めている高木久直さんです。

高木さんは、書店員として働きつつ、個人の立場で、たった一人で、あることを始めました。僕も、高木さん本人からこの構想を聞いた時、「本当にやるの?」と驚いたほどです。しかし、高木さんが始めた活動は、本屋の原点といえるものなのかもしれません。地域の中に本屋があることの意味と豊かさと真剣に向き合う高木さんだからこそ、この活動に行き着いたのかもしれません。

「走る本屋さん高久書店」、始めました

高木久直（「走る本屋さん」高久書店店長）

きっかけとなった教え子への禁句

私には、ここ数年「読者育て」という〝迷い旅〟に出ているようなふわりふわりとした感覚があります。

ふわりふわりと表現したのは、目的地を記載した地図が無く、いつも暗中模索しているからです。どうしたら読者育てが出来るのかという着地点（目的地）が未だ見つからないでいるのです。

本を販売することだけを目的にするならば、そこまで考えたりはしません。目先の利潤だけではなく、今後も読書が日本の文化を支えていけるようにどのように種まきをしていくか、真剣に考えています。

昔ほど読まれなくなった本を、再び読んで貰えるようにするにはどうすべきかを考え、考えるだけではなく行動しなければなりません。

根本は読者育てにあり、読者創造であると思っています。

それなくして本屋の価値を維持することは出来なかろうと思うのです。

本が持つ素晴らしさを様々な柵を越えて伝えていきたいと彷徨《さまよ》い続けているのです。

昨今の出版業界は書店の吸収や合併、そして系列化がものすごい勢いで進んでいます。当然、出版社や取次も同様で企業数もどんどん減っています。昔のビジネスモデルではどうにもならない過渡期を迎えているのです。

書店の数は二〇年前の約半分になりました。町の本屋と言われる地方で読書文化を牽引してきた企業も、加速度的に少なくなっています。

ここまで減るといわゆる書店空白地と呼ばれる地域も沢山出てきます。既にして日本の二割強の自治体には書店がありません。平成の大合併前の行政区に置き換えれば、半分の地域は無書店地域になると言われているくらいです。

私が生まれ育った郷里にも書店がありません。過疎と高齢化が酷《ひど》い地域です。そんな郷里にも、子どもの時分は数軒の書店があって梯子《はしご》ができました。多くの子どもたちが小遣いを握りしめ通うことのできる楽しい居場所があったのです。

二〇年近く書店員をしてきて、そんな地域（書店空白地）のために何か出来ないだろうかという思いで始めたのが読書ボランティアです。父母を対象に読書の方法や効果を伝える勉強会、子どもたちと一緒になって楽しむ読書会、業界人を対象とした講演会、メディアでの本の紹介などなど、時間があれば出来る限りの余力を〝迷い旅〟に傾けています。

地方で開催する読書会では、「ママ、あの本欲しい!」とお子さんから声が上がるんです。読書会のために持っていった本をプレゼントしてくるようなことも、しばしばありました。そんな折、読書会に参加した一人の女性から声をかけられました。

「先生、私のこと覚えてる?」

記憶の中では中学一年生だった女の子が親となって、私の読書会に参加していたのです。教員をしていた時の教え子でした。思い出話とともに、子どもに与える本について色々話しました。

さらに、読書会で読んだ本『はらぺこあおむし』はどこ行けば買えるの? と聞くのです。咄嗟《とっさ》に「これは有名な絵本だから、その辺のどこの書店でも置いてあるよ」と言ってしまいました……禁句でした。

「先生、書店が無いんだよ」教え子は続けます。

「ここでは、本は借りるものというのが常識。読書会もいいけれど、先生、田舎に帰ってきて書店を作ってよ……」

強い衝撃を受けました。

本当になんとかしなければいけないと思いました。

始めてから実感したこと

個人でも新刊書店を始めよう、行動してみようと思い至った理由がこの辺にあります。書店空白地でも本と出会える場所と機会を提供することが「読者育て」に繋がると確信したのです。

先述した読者育ての〝迷い旅〟で見つけた新たな方法が、「走る本屋さん」という形です。軽トラックの荷台に本と本棚を積んだ、いわゆる移動式の新刊書店です。

一昨年、中古車販売店で軽トラックを衝動買いしてしまいました。妻も驚愕し、「もう、この人は止められない」と思ったそうです（笑）。それから休みの日にはホームセンターへ通い、工作室で本棚の作製に取り掛かりました。

併せて、本の仕入先の開拓もしていきました。積む本の主体は児童書にすると決めていたので、その辺りを中心に営業交渉を重ねました。

よく、どうやって仕入れているのですか？　と聞かれます。勤め先の書店の在庫を使っているのでしょ、とか。

いえいえ、完全自腹の買切りで仕入れています。だから、私の書店には返品は無いのです。

長年の書店員キャリアがあります。どの辺りの本が需要に結びつくのかというデータだけは、頭の中に染み付いているつもりです。

開業してから、月に二箇所くらいの頻度で幼稚園や養護施設などを訪問しています。行く先々で実感するのは、これほどまでに「本屋」が来たことを喜んでくれる読者が地方には沢山いるということです。トラックを取り囲む読者の表情にはいつも笑顔が溢れています。

書店はお客様に来て頂くというのが一般的で、外商をする書店であっても一定の地域でしか商いをしません。「走る本屋さん」は、求められた地域にこちらから伺い、本を手渡し、地域の垣根を飛び越えることを目標としています。

本業は会社員としての書店員ですから、引き合いがあっても全てには応えられません。ですが、求めてくれる読者がいる限り、地道に続けていきたいチャレンジです。

訪問しない日は、元書店員の妻が自宅駐車場で不定期に営業することもあります。

今春から、新たに無人古書店なるものも始めてみました。

増えゆく書店空白地に、一石を投じたいという想いは募るばかりです。

僕が勤めているさわや書店でも、なんとかして書店空白地に本のある空間をつくりたいと思い、異業種と連携することで、その可能性を探っています。

おそらく、本書が出版される頃には、形になっていると思うのですが、県内の様々な企業や団体と連携し、まちの中に本を介した交流の場をつくる準備をしています。書店空白地が増えることを嘆くよりも、書店空白地を無くすことを目標にしてみる。

はじめから無理だよとあきらめることは簡単ですが、僕らは逆に、それを成し遂げることを目指し活動する団体まで立ち上げてしまいました。はたから見れば、まだ、「できるかもしれない」という淡い期待の段階かもしれませんが、少しずつ僕らの活動が知られるようになり、県内の多くの異業種のみなさんから、声をかけてもらえるようになりました。休日のほとんどをこの活動に充てても、対応しきれない状況になりつつあります。

日常にさりげなく本がある暮らし。その暮らしの中に寄り添い続ける本屋であればいい。そう思っています。僕たち、さわや書店のその想いの原点となる活動を、さわや書店の外商部長の栗澤順一が綴ります。

まちの本屋として、地域を耕す

栗澤順一
（さわや書店外商部）

世界でも類をみない「フキデチョウ文庫」

二〇一二年、とあるシンポジウムに、岩手大学の五味壮平《ごみそうへい》教授、盛岡市役所職員の藤原禎久《ただひさ》さんとともにパネリストとして声をかけられました。

盛岡市は、総務省が発表している家計調査の一世帯当たり年間書籍支出金額調査でも常に上位をキープし、書店の店舗数や売り場面積の総坪数も多く、本に親しむ土壌が整っています。

そこに目をつけ、盛岡を「本のまち」として、もっとアピールできないものか。

私たち三人は、職種の垣根を越えて集まり、その可能性を探っていました。

盛岡文学賞の設立、街中へのブックポストの設置、オリジナルブックカバーの制作……。

数々のアイデアが浮かびましたが、そこは手弁当で予算もない悲しさ。

補助金や助成金に突破口を見出そうとしましたが、見事に撃沈。

フェイスブックページを作ることが精一杯という状況のまま、シンポジウム当日を迎えていました。

そんな私たちの姿が、自ら不忍《しのばず》ブックストリートの一箱古本市を立ち上げ、息の長いイベントに育てあげた、聞き手のフリーライターの南陀楼綾繁《なんだろうあやしげ》さんには歯がゆかったのでしょう。

「大学、官庁、書店。それぞれ一線で動ける面子《メンツ》が揃っていて、情けないと思いませんか？」

理想ばかり並べて、実際に形にしたものがないところを南陀楼さんに鋭く指摘され、私たちは言葉に詰まってばかり。

満員の会場の視線が、好奇心から憐れみに変化していくことが痛いほど伝わり、冷や汗が止まりません。

しかし、その観客のなかに、これから紹介するフキデチョウ文庫の代表の沼田雅充さんがいたのが、唯一の救いでした。

ところで盛岡は、本の町であるとともに、水の町でもあります。

いくつかの湧水がいまでも市民に利用されており、さらに市街地には鮭が遡上する中津川《なかつがわ》が流れています。

その清流の近くに、江戸時代に茅葺《かやぶき》職人が集まっていた葺手町《ふきでちょう》と呼ばれていたエリアがあり、沼田さんは、その地で地域に開放された介護施設を開業しようとしていました。

そのためにどうすればいいのか悩んでいる最中に、南陀楼さんに打ちのめされている私たちと出会い、地域と施設を繋ぐヒントとして、本の存在に行き着いたのでした。

こうして、一階は図書スペース、二階はデイサービスという世界でも類を見ないユニークな「フキデチョウ文庫」が誕生しました。

〝年中無休、誰でも出入り自由、施設利用者のプログラムなし〟。

一般のデイサービスでは、今日は体操、明日は編み物、といった具合に一日のプログラムが決まっているところが多いですが、フキデチョウ文庫にはそうしたプログラムはありません。この施設は、既存のデイサービスの概念を完全に覆しており、また本を前面に押し出すことで誰でも入りやすくしたのです。こうなると、自然に人は集まります。

現在、図書スペースは、休憩時間にふと立ち寄るサラリーマンから、放課後の小学生、また手芸などの地元のサークル活動まで、様々な人たちが集い、利用しています。

もちろん、二階のデイサービスにはお年寄りがいますので、世代を超えた交流の場にもなっているのです。

盛岡雑草フェスタ

このフキデチョウ文庫に、さわや書店は設立当初から書籍の選定や収集、またタイアップしてのイベント開催などで関わってきました。

なかでも一番印象深いのが、「盛岡雑草フェスタ」です。

なぜか、さわや書店フェザン店での『身近な雑草のふしぎ』（SBサイエンスアイ新書）の販売数が全国で第一位だったことから始まったイベントです。

ご当地本ではなく、ましてや雑草文化が根付いている土地柄でもありません。

私たちにもその要因がわからないなか、著者の森昭彦《もりあきひこ》さんが盛岡に興味を示してくださり、イベントを開催することになったのです。

ただお話を伺って終わり、ではあまりにも芸がなく、売れた理由もわからないままです。

そこで沼田さんと相談し、体験型イベントにすることに決めました。

当日、参加者はフキデチョウ文庫に集合し、そこから中津川に向かい、川原を散策します。

その場で、森さんに解説してもらいながら食べられる雑草を集め持ち帰り、皆で天ぷらやおひたしに調理し、囲んで食事。

その後に、『身近な雑草のふしぎ』を片手に森さんのお話を伺い、懇談して終了、というプログラムでした。

途中入退場可能で、参加費無料、という、ゆるいプログラムで、本当に人が来るのかなと私たちは心配でしたが、蓋を開けてみれば大好評。

親子連れから、散策が趣味の年配の方、また施設の利用者のお年寄りまで、幅広い年代の方々が入れ替わり立ち替わり参加し、笑いの絶えないイベントとなりました。

あまりの満足度の高さに、参加者の方からの第二弾を望む声が多かったため、その二年後に「帰ってきた盛岡雑草フェスタ」を開催したほどです。

地域に密着したフキデチョウ文庫の理念を、本を通じて下支えすること。

これこそが、私たちの考える本屋の姿なのかもしれないと実感させてくれたイベントでした。

冒頭で触れたように、盛岡という町は、昔から本の町でした。

だからこそ、私たちさわや書店を含め、多くの書店の経営が成り立つのです。

とはいえ、いつまでもその土壌に甘えてばかりもいられません。

常に耕し続けなければ、すぐに痩せてしまい、実りのない土地になってしまうことでしょう。

その作業は、果てしないもので、各書店の店頭だけでは限界があります。

公共図書館はもちろんのこと、各種教育機関やボランティアグループとの連携が必須なのは当然のこと。

なかでも鍵を握るのが、このフキデチョウ文庫のように、本と接することができる場の創造ではないか、と私たちは考えています。

酒蔵などをリノベーションした観光施設のもりおか町家物語館での書籍販売コーナー、カフェスペースが併設された、なないろのとびら診療所の待合室の図書スペース……。

嬉しいことに、盛岡では、様々な形で本を扱う公共施設が増えてきており、そのお手伝いをさせてもらうことが多くなりました。

様々な要因が語られていますが、書籍の売り上げの減少が止まらないのは事実です。それを踏まえ、書店という枠組みを維持しつつ、本を身近に感じる環境をしっかりとバックアップしながら、今後も、その数を増やしていかなければなりません。

読書環境を耕す活動が、これからの地域の書店にも求められていくのではないでしょうか。

私たちさわや書店の目指すところは、もちろん「まちの本屋」。

これからも地域に関わり続け、盛岡が「本のまち」であり続けるための下支えをしていきたいと思っています。

まちに必要とされる本屋であり続けるためにできることは何でしょうか。

その答えは、きっとまちの中にあるはずです。

店頭を飛び出し、地域に飛び込み、溶け込むことで、はじめてそれを見つけることができる、そのように考えています。

先ほどの高木さんは「個人」で、さわや書店は「本屋」として読者と本の接点をつくろうとしていますが、今度は、出版業界の流通を担う取次という「組織」に注目してみましょう。

取次とは出版社と小売書店の間に入り、書籍や雑誌などの出版物を出版社から仕入れ、小売書店に卸売りする販売会社のことです。簡単に言うと本の問屋です。日本中の出版社の書籍や雑誌は取次の倉庫にいったん集められ、そこから全国の書店へと運ばれるのです。

取次という会社がしているのは、本の流通だけではありません。「情報」の整理も進めていて、その整理された情報をウェブ上で紹介し、読者が本の情報を探すのに役立てようともしています。

普段は、読者から顔の見えにくい取次という会社について、取次会社である日本出版販売の古幡瑞穂さんに、僕がインタビューしてきました。

業界の裏方「取次」がやっていること

古幡瑞穂（日本出版販売株式会社）×田口幹人

業界の共通用語となったデータ

田口：そもそも「取次」がどういう会社なのかを、知らない人は多いですよね。業界の裏方といったらいいんでしょうか？

古幡：「取次」は正式には出版販売会社といって、出版物専門の卸会社のことです。この業界の一番の特徴は「商品が委託なので、返品がある」というところ。また、取引先数の多さも特徴です。

売り手である書店さんの数も多いけれど、メーカー、つまり出版社の数も多い。稼働している出版社で約三〇〇〇社、売り手の書店・コンビニエンスストアはあわせて五万～六万軒もあります。ですので、各出版社がそれぞれで商品を届けようとしても物理的に困難です。

さらには再販制度といって、「価格は出版社が決め、小売側での値引きはしない」という約束ごともある。これも本来なら出版社が取引先一つひとつと契約を交わさなきゃいけない。

そういう物理的に困難なシーンで間に入っているのが、われわれ取次です。「商品の流通」や、「お金の精算」を、お手伝いしています。

しかしそれだけではなく、「情報」の流通にも力を入れています。「どの本が、いつ発刊されるのか」という新刊の情報だけでなく、「どの本が、どのくらい売れたのか」というデータの収集と分析をし、その結果を書店と出版社にフィードバックすることもしています。

田口：データ収集・分析の話ですが、ある地域に数店舗を出店している規模の書店チェーンが、自社でデータ分析を行ったとしても、得られるものはたかが知れています。

それより、全国展開しているナショナルチェーンや取次のデータは、業界全体の販売傾向が見えてきて、本当に大きな役割を担っていると思います。

かつて、販売データの整備が進んでいない時代には、「売れていると耳にしたのに、実際にはさほど売れていなかった」ということもありましたが、今では取次のデータを調べると、どの本がどのくらい売れているのかだいたいわかるようになってきました。

古幡：私は日販（日本出版販売株式会社）入社時の配属先が、紀伊國屋書店の営業担当でした。営業担当として物心ついた瞬間から、パブライン（紀伊國屋書店のＰＯＳ分析システム）に触れていて、昨日何がどこで売れたかを見ていたわけです。

パブラインは、画期的なシステムで、出版社はその販売数を見ることで、全国でどのくらい売れているのかを推計するようになりました。その後、私は楽天に出向しますが、ここでももちろんすべてのデータが可視化されていました。

それが当たり前だったので、むしろデータが無い環境が想像できないんです……。日販ではＰＯＳ導入が始まりデータ整備をすすめつつあるという状況でしたから。その後、私は日販に戻って、ｗｗｗ《トリプルウィン》．ｐｒｏｊｅｃｔ《プロジェクト》という、こういったデータを使って業界の三者（書店、出版社、取次）をｗｉｎ－ｗｉｎ－ｗｉｎの関係にしようというプロジェクトに従事しました。

書店員さんで、「あなたの店で百番目に売れているのは何の商品か？」と聞かれて答えられる人ってどれくらいいるでしょうか。

「何がどこの店で売れているのか」「自分の店では何が売れているのか」「全国では何が売れていて、それに対して自分の店はどうなのか」を、情報を分析することでわかるようにしました。

同時に、出版社に対しても、商品の送品数、売上数、返品数、市場在庫が一瞬でわかる、オープンネットワークＷＩＮ《ウィン》というシステムの提供を始めました。

これは、出版社にとってはとても重要な情報です。「あの本、あまり売れてないかも」と思って重版をかけてなかったら、実際には予想以上に売れていて、売り伸ばすタイミングを逃してしまうことがあります。反対に、売れていると思ったら、実はそれほどでもなくて、重版をかける必要がなかった、というケースもあります。こうした機会損失を防ぐためにも、商品の送品数、売上数、返品数、市場在庫は重要な情報なのです。

田口：オープンネットワークWINとは別に、WIN＋《ウィンプラス》というシステムもあり、そこでは、購買情報も見られますよね。例えば、性別・年代別で売れている本を調べられたり、ある特定の本を買っている性別・年代層を調べられる。ようするに、「こういう人がこういうものを買っている」とわかる。あの分析がすごく面白いなと思います。

古幡：WIN＋はオープンネットワークWINができた後、スタートしたシステムです。「どの本が、どれだけ売れたか」という「結果の分析」にとどまらず、先々のアクションを起こしたいというニーズがありました。例えば、「あの本は、どの性別、どの世代に売れているのか」「あの本を買った人は、他にどんな本を買っているのか」という、先々の出版の企画にも役立つような情報を求められるようになったのです。

そのニーズにこたえるため、WIN＋ではポイントカードをキーに、顧客情報を収集し、分析しています。これによって、銘柄別の購入者層や併読商品の分析が可能となり、出版社だけでなく、ポイントカードを実施している書店さんにも開示しています。

一方で、オープンネットワークWINは、完全に出版社向けのシステムになっています。二〇〇三年に稼働したシステムですが、稼働前は返品の多寡しか売行きを測る術《すべ》がなく、どうしても重版の規模、タイミングを外しがちでした。

しかし今では、先ほどお話ししたように、送品数、売上数、返品数、市場在庫までわかるようになり、各社さん本当にタイミング良く重版をなさるようになった感がありますね。WINの数字は、今では業界内の共通言語になっています。日販はこのように、非常に積極的なシステム投資をしてきました。

田口：書店も取次も出版社も、いわば一つのチームですよね。本がどういう風にしたら一人でも多くの人のもとに届くのか。それを考えるのが、一番大事ですよね。

ちなみに書店という〝本の出口〟がどんどん減っている現状があるなかで、日販さんはどういったことを考えているんですか？

古幡：日販は本も書店の可能性もあきらめていません。最優先課題として、書店をなくさないためにやれることに取り組んでいます。

一つは「書店のマージンアップの取り組み」。本はそもそも薄利多売の商売です。商品の販売によるインセンティブ還元や、返品を減らして浮いたコスト（主に運送費）を書店さんとシェアする取り組みを進めてきました。本以外の商材の比率を上げて、書店全体の利益を上げていくという視点もあります。

あとは、「書店さんそのもののリノベーション」ですね。単なる商材の複合化では、お店に来るお客さんは変わりませんから、ある意味〝新しい価値〟を創って、新しいお客さんを呼び込もうともしています。また、本そのものの魅力を打ち出すためには、本のある場所を増やすということも大事です。「本屋ではないところ」に本が置かれるようになると、消費者の接触回数は増えますよね。

読書好きのためのWEBメディア「ほんのひきだし」

田口：「行先をこんなふうに描いていて、今プロセスとしてこうだ」というのが見えると、書店の現場でもこの動きが加速できそうですね。
あともう一つ、僕がぜひとも聞きたいことがあります。日販さんは「ほんのひきだし」というWEBメディアを展開していますが、どんなきっかけでこのサイトが生まれたのでしょうか？

古幡：先ほど申し上げたとおり、取次には様々な情報が集まってきます。ただこれまでは、それを積極的に使えているとは言いがたい状態でした。

コミックの発売日一覧ひとつをとっても、本屋へ行けば当たり前にあるものですけど、「そこにある」以上の利用を進められていなかったんです。ようするに「本屋に行かなければ、わからない」。

気がつけば市場は、Amazonの独壇場です。ネット上では、発売日がすぐに調べられるようになったのに、リアル店舗については「書店へ行かないと発売日がわからない」という状態を、当たり前にしてしまっていたのです。

こういった状況下で、社内から「こんなに時代が進んでいるのに、何十年も前と同じことをやっている」「Ａｍａｚｏｎが進歩しているなかで、私たちはこれでいいのか」という声が上がってきました。さらに、社外からも同様の声がありました。

そこで、有志で集まって情報やアイディアを交換していく中で、読書をテーマにしたメディアをやろうという話にまとまってきたんです。この大きな流れが「ほんのひきだし誕生」の、いうなればゼロ章です。

そもそも当社がそういうＷＥＢメディアを持っていれば良かったのですが、あるのは公式ホームページとＥＣサイト。そこで新たに「ほんのひきだし」というサイトを立ち上げました。

このサイトは〝人と本や本屋さんとをつなぐＷＥＢメディア〟というコンセプトのもとに運営しています。例えば、コミックの新刊情報、ランキング、商品の告知、イベント告知。それはこれまでも提供してきた情報ですが、ここに分析やコメントが入ると、ひとつのコンテンツになります。

例えば、ドラマ化や映画化された書籍などについては、その後の売上上昇率ランキングなんかを見せたりします。視聴率とはちょっと違った視点ということで、様々な反響を呼びました。

「ほんのひきだし」のスタートとほぼ同時に、ニュースアプリのスマートニュース内に「読書チャンネル」という専用チャンネルが立ち上がり、読書好きのユーザーが定期的に見に行く場が作られました。「ほんのひきだし」のコンテンツは、このサイトを通じて、多くの方に届けられています。

田口：「ほんのひきだし」は、今後どうなっていくのでしょうか?

古幡：目標は「商品をGoogle検索した時に、『ほんのひきだし』がAmazonより上位に出る」ってことですね。(笑)

これは私のイメージなのですが「ほんのひきだし」はマザーシップでありたいと思っています。書店さんがそれぞれホームページをもって、細かく更新し運営し、スマートニュースのような大きなキュレーションサイトに記事提供していくのは困難です。

でも、SNSならできる。SNSで発信する際に「もう少し詳細な情報を見せたいな」と思う場面がきっとたくさんあって、そういうときに「ほんのひきだし」へリンクを貼ってくれるようになればと思っています。

「ほんのひきだし」に記事があることで、それぞれの書店さんが自店の情報として見せられて、全国のお客さんを呼び込める場になったらいいなと。それは書店だけではなくて、出版社でも同じですよね。

私たちが「今これが売れています」と言って、消費者も「売れているんだって」と気にしていて、書店できちんと展開されている——。「ほんのひきだし」が記事にしたテーマ全てがこうなるのが理想ですね。

田口：これは、書店店頭でもきちんとやっていきたいですね。

古幡：店頭フェアやイベントの現場では、その企画趣旨などはなかなか説明できません。WEBサイトと連携することで、こういったこともできるようになると思うんです。

田口：そういう「ひとつの本屋ではできないこと」を、日販がやってくれるとすごくいいなって思いますね。

今、雑誌の売れ行きが厳しいと言われています。雑誌が売れなくなるということは、それまで定期で購入していた人が減り、書店への来店頻度が低くなりますよね。だから、その分、来店のきっかけとなるような情報を発信して、来店機会を創っていけるといいですね。

古幡：ぜひ、一緒にやっていきましょう。

書店空白地が増えていたり、本との接点がなかなか増えないという話をすると、本の好きな人からは、「本屋をやってみたいけど、お金も時間もかかりそう」「小さくてもいいから、手軽に本屋をできたりしないの？」という声も聞こえてきそうです。

確かに店舗を構えて本屋を経営するのは、なかなかハードルが高いですが、実は今、取次の大阪屋栗田が、その常識を覆す取り組みを始めているのです。

書店空白地を減らしたり、あなた自身が本屋になるヒントが、ここにあるかもしれません。

あなたも本屋に！
書店空白地を減らすための挑戦

吉田正隆
（株式会社大阪屋栗田）

本ほど、どの店舗にも合うものはない

Ｆｏｙｅｒ《ホワイエ》は、出版取次会社・大阪屋栗田がリリースした、一冊からでも本を卸売りする新しいサービスです。このサービスとはどういうものなのか、どういう背景から世に出すことになったのかについて、ご説明したいと思います。

まずは、書店が一軒も無い、「書店空白地」の問題があります。いまや出版不況によって、全国自治体の二割以上にあたる四二〇市町村において書店が一軒も無い状態で、それはこれからも増えていくものと思われます。

私たち出版取次会社を含む流通構造上の問題も指摘されますが、それよりもまず、様々な代替メディアの登場によって、紙の本が絶対的な存在ではなくなったということでしょう。いまあえて紙の本を読んでもらうためには、まずは紙の本に出会ってもらわなければならない。それにもかかわらず、「書店空白地」問題によってそれも叶わない現状がある。町の中に本との接点を増やしていくことが、社会的な意義においても価値のあることだと考えました。当社は中期でのビジョンとして、「本とのタッチポイントを維持・創出する」と掲げています。

一方で昨今、カフェ、雑貨店、アパレルショップなど、書店以外の店舗において、既存商品に本を掛け合わせることで売場のブランディングやメイン商材とのシナジーを図る、という事例が増えてきました。

本によって来店客の回遊性を上げて、滞在時間を延ばし、メイン商材の購買を促す、という方法論で、紙の本の価値が再認識されたのです。実際、店舗に並べられる本は、来店客の興味をひくのに大変に有効なツールだと思います。また、本の持つ知的なイメージも店舗の演出に役立っています。

本ほど、どんな店舗にもマッチした商品が必ずある、という商品は無いかもしれません。当社も以前より、書店以外の店舗で少量の書籍を取り扱いたい、という要望を多くいただいており、そこに対応できる流通システムも必要な状況になりました。

「書店空白地」をはじめとした日本中の町に本との接点を作るというビジョン、そして書店以外の店舗からの新たなニーズという二つの課題を解決する方法として、「誰でも本屋になれるサービス」として、Ｆｏｙｅｒをリリースするに至ったのです。

Ｆｏｙｅｒは、フランス語で「入り口」や「玄関」を意味します。店舗とお客様にとっての、紙の本の世界への入り口になりたいという思いを込めました。

出版取次というプラットフォームをオープンにする、ということが当サービスの設計に当たっての基本思想です。

本の販売を、極限まで簡易に

そもそも出版取次会社は、大規模流通を前提にして成立しています（すなわち、出版物の売上が低迷することで、成立しづらくなっているともいえます）。本という単価の安い商品を流通させるために効率主義的でもあり、一定以上の売上規模で、かつ継続的なお取引でなければ応じることができませんでした。

しかし、現況を鑑《かんが》みても、専業書店への新規参入を多くは見込めません。その膠着《こうちゃく》状態を脱却するにはどうすればいいのか。

当社には当然、出版物の流通に関する様々な機能や設備はあります。それらのどの部分をどのように活用すれば、少額の取引でも成立しうるのかを考えました。

一つの大きな要素は、常時三五万アイテム以上を在庫する、当社の倉庫機能の活用です。Ｆｏｙｅｒのユーザーには、当倉庫在庫の中からご希望の本を選んで買っていただくこととし、そのインターフェースとなる発注サイトを構築しました。当社としては発送箇所を当倉庫一箇所にすることで、輸送コストを抑えています。

出版物の流通に特有で参入障壁となっている輸送方法や契約形態は、外部サービスを活用することで一般的に使いやすいものにし、一方で、同じく書籍特有の「返品が可能で、ローリスクで導入できる」という店舗へのメリットは、手数料をいただければ提供できるよう、社内体制を整えました。

出版流通の複雑な部分は簡易にし、メリットになる部分はそのまま提供する、という考え方です。

また、オプションで選書のサービスも用意しています。書籍は、年間の新商品が八万点を超える、超多品種の商材であり、その中から、本に詳しくない方が自分のお店に最適な商品を見つけるのはとても困難なことでしょう。

よって、ご希望があれば、当社の持つ販売データや、子会社である本と雑貨とカフェの複合店「リーディングスタイル」のナレッジを活用し、担当者が店舗に合った商品を有償でセレクトします。

お取引に際しては、従来のような保証金や保証人は不要で、若干の審査を踏まえて契約書を取り交わしていただければ、お申し込みから二週間程度で発注を始めることができます。個人事業主の方もご利用可能です。とにかく、いままで様々なハードルによって難しかった新刊書籍の販売を、極限まで簡易にすることを目指したのです。

Ｆｏｙｅｒのリリース後は一日一件ほどのペースでお問合せをいただいており、成約率についても想定以上の高さとなっています。二〇一八年六月現在で、お取引軒数は一二〇軒を超えました。

ユーザーは大きく二種類に分けられ、すでに本を販売されている、古書店や絵本専門店に、商品の拡充のために使っていただいているケースが一つ。そういったユーザーはもともと本が好きな方で、「こういうサービスを待っていた」という声を聞くと、やはり潜在的な書籍販売のニーズは大きいと実感します。

そして二つ目はもちろん、当初のターゲットである書店以外の店舗やスペースですが、雑貨店や家具店、ホテル、変わったところでは、バーやヘアサロンなどでもご利用いただいています。店舗の立地は日本全域に渡り、東京都内から鹿児島県の離島まで、全国で本とのタッチポイントが増え続けています。

読者にとっても、その本のテーマにおけるプロが選んだ本を買うことは、新しい購買体験になるはずです。書店員は本のプロですが、例えば喫茶店の店員が選んだコーヒーの本や、アウトドア用品店員が選んだ山の本には、また違う価値があるように思います。

Foyerの活用例（生花店の場合）

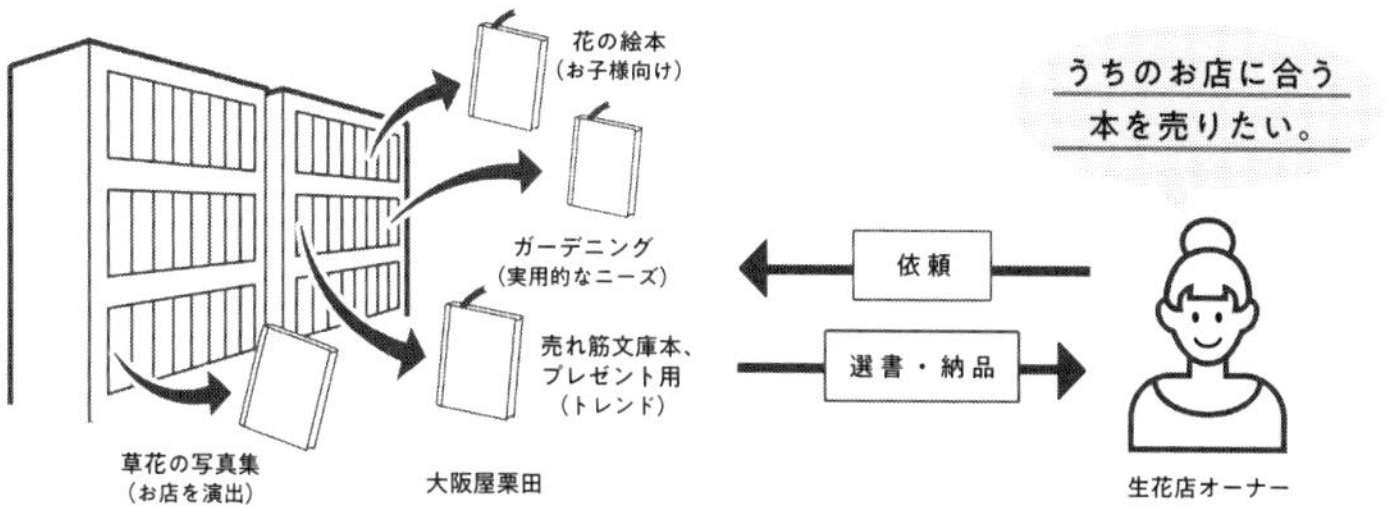

Ｆｏｙｅｒは、いままでに出版取次会社の発想に無かった、少額の取引を、取引軒数を増やすことでスケールしていくビジネスモデルなので、今後の事業の拡大のためには、書店以外の店舗での本のニーズをさらに広く深くしていかなくてはなりません。

最初に挙げた、書店以外の店舗でのメイン商材とのシナジーについても、本を置くことで他の商品が売れ出した、という具体的な数値データを取れるように動いています。そのデータを分析した上で、いまは本に関心の無い店舗に対しても、様々な角度からアプローチをしたいと思っています。

また、導入済みの店舗に継続的に本を販売していただくことも重要であるため、業種別の定期的なレコメンドや、新刊の案内、季節に応じたセットなども準備しています。

このサービスは原則的に、書店と競合して売上を奪うようなものではなく、本との接点を増やすことで紙の本そのものを活性化させ、間接的に書店にも利益をもたらすことができる仕組みだと考えています。

書店は数多くの文化が集まる場所であり、コミュニティの場にもなります。書店が閉店したときに住民の方々が悲しむのは、ただの小売店ではない、何か大事な拠点を無くしたという思いに駆られるからではないでしょうか。

Ｆｏｙｅｒを利用して、「移動書店」を運営されている方がいます。ワゴン車に子供向けの本を積み込み、公園やいろいろなスペースを巡って本を販売されているのですが、こうした活動によってその町には、本を中心とした文化が広がりつつあるのです。

近年、町おこしとして流行している「地域アート・フェスティバル」も素敵ですが、Ｆｏｙｅｒを利用した「地域本屋」のほうが手軽です。いまある事業にプラスして本を取り入れられるので、持続性も高いでしょう。

点在する本によって町に文化が根付き、そして生まれた新たなユーザーによって本とのタッチポイントができ、という書店のエコシステムを作ることができれば理想的だと思っています。「日本中の全ての店舗で、そのお店に合った本が販売されている」という世界をつくることが最終目標ではありますが、まずは当初の動機に基づいて、「書店空白地」の方々と一緒に、新しい取り組みをしてみたいと思っています。

すでに数件、地域活性化を目的とした団体からのお問合せを受け、お互いにアイデアを出しつつ、企画を進めています。一部の地方自治体とも展開の方策を検討しているので、近々何か発表できるかもしれません。

地方の書店空白地で、花屋さんには園芸の本、魚屋さんには魚料理の本など、いろいろな業態の店舗に少しずつそのお店にあう本を置いて、まち全体で一つの大きな書店を形成する――いつかどこかで、そんなことが実現できたら面白いですよね。

寄稿していただいた日本出版販売、大阪屋栗田と同じく、トーハンという取次があります。トーハンでは、「ほんをうえる」というプロジェクトを行っています。

ほんをうえるプロジェクトとは、トーハンの社員が中心となり、今までとは違う切り口で本屋の店頭から本の情報を発信し、本との出会いの場をつくろうという活動です。

新刊が店頭に置かれる期間は、年々短くなっています。本が売れない時代なのに、出版点数だけは年々増加しています。どんなにいい本でも、お客さまに直接見て選んでもらうチャンスがどんどん減っているのです。今日入荷した本は、数日前に入荷した本を押しのけ、新刊として店頭に並べられます。その繰り返しの日々。

新刊とは、著者と出版社が決めた旬であり、それが本の旬とは限りません。その本は、いつか・どこかで、必要とされる誰かの手に渡った時に旬を迎えるのだと、僕は考えています。その旬を迎えるまで、その本の鮮度を保ち続けようとする活動が、ほんをうえるプロジェクトという活動なのだと思っています。

植物に水をやってゆっくりと育てるように、本ももっとていねいに売っていこうという想いと願いが、このプロジェクトには込められていると聞いています。新刊やベストセラーに限らず、独自の手法で良書を発掘し発信し続けていて、その発信を通じて得た情報を、店づくりに活かしている本屋もたくさんあります。

僕の勤めるさわや書店は、直接トーハンとの取引はありませんが、ほんをうえるプロジェクトチームが発信する情報を常にチェックし、店づくりの参考にさせていただいています。「ほんのひきだし」も同様に、取引云々ではなく「読者」へ向けられた情報は、帳合《ちょうあい》（取引する取次会社）という枠に縛られている本屋という閉鎖的な業界にあっても、垣根を越えてゆくものなのです。

それを活用するかしないかは、それぞれの本屋の判断でしょう。せっかく素晴らしい施策でも、それが「読者」へ届かなければ意味がない。そこに帳合の壁などないのだ、と思っています。

このように、本屋を支える取次会社もまた、本との出会いの場の創出のために、様々な工夫をしていることを知っていただけたでしょうか。本屋の向こう側には、本屋とともに本との出会いを願う人たちがたくさんいるのです。

今、少しずつ本屋の姿が変わりつつある気がしています。読者の消費動向という以上に、「本屋」という定義そのものが変わってきているのではないでしょうか？

ここ数年の間に、新しい希望の光として、本屋がまちに戻ってきている気がします。かつて、郊外で誕生した商圏に奪われ消えた、まちの中の本屋のともしびが。一つひとつは弱い光かもしれません。しかしその光は、かつてまちにあって、郊外の大型店と共存できずに閉店していった本屋とは、明らかに違う意志と役割を持っています。

僕は、それらの本屋を「これからの本屋」と呼んでいます。「これまでの本屋」に対するアンチテーゼとして生まれた本屋ではなく、しっかりと「これまでの本屋」の総括をしたうえで生まれはじめた「これからの本屋」は、今後どんどん増え続けるでしょう。僕は、それを心待ちにしています。

そして、近年強く感じることがあります。都合のいい解釈かも知れませんが、店舗を構える書店だけが本屋なのではなく、本の周りにいる一人ひとりが、本に関わる全ての人を「本屋」なのだと仮定した場合、もしかしたらまだまだやれることがたくさんあり、本の未来の数だけ、「本屋」の未来があるのかもしれない、と。

新刊書店を辞め、違う立場で本と読者を結び付けようとしている方々がいます。その活動は、僕の「本屋」に対する解釈が間違っていないのではないかと思わせてくれました。その一人、大矢さんに想いを綴っていただきました。

本のレビューサイトも、「本屋」です

大矢靖之
（株式会社ブクログ）

本屋の定義は広がり続けている

かつて自分が新刊書店員だったとき、「町に本屋が増えている」という言を聞いたことがある。二〇一五年、メディア論専攻の学生たちによって、ある有名大学で行われた発表会で聞いた言葉だ。

（いくら何でも勉強不足だろう）と怪訝《けげん》に思い顔を上げてスライドを目にした時、そこで増えている本屋の例として挙げられていたのは、Ｔｉｔｌｅ《タイトル》や神楽坂モノガタリだけでなく、新古書店やブックカフェの店名だったのだ。

それらを目にした時、側頭部を思い切りトンカチで殴られたような衝撃を感じたことを覚えている。学生たちの定義の曖昧さを責めることは容易かもしれないが、汲み取らなければならぬものが目の前にあることだけは分かっていた。

「本屋」の概念は変容し続けている可能性がある、と。そして少なくとも目の前にいた学生たちにとって、素朴な認識やイメージのレベルで、新刊書店と古書店とブックカフェは「同列だ」ということを。

二〇一五年から時を経て、今や多くの人々が本屋をめぐるこうしたイメージの変容に気付いている。あるいはそれとなく受け取っている、と思える。

昨今行われている（増えているようにも思われる）ブックイベントにおいて、新刊書店、古書店、出版社が同じスペースで販売を行っていることが増えてきた（＊1）。こうした現状を踏まえてか、南陀楼綾繁氏は朝日新聞二〇一七年一一月二六日付「ひもとく」において、本屋という呼称についてこう提言している。

「最近の私は、いっそのこと、本を扱う場所や、そこで仕事をする人を、ぜんぶ『本屋』と呼んでもいいと考えている。新刊書店も古書店も図書館もブックカフェも出版社も『本屋さん』。そう考えるほうが、本の世界の風通しがよくなるのではないか」

重要な指摘だと感じる。この言が含意するものは「ひとたび本ないし読者に視座を置いたとき、本にまつわるあらゆる立場は相対的なものでしかない」ということではなかろうか。自戒を込めて言うのだが、出版業界に長くいて一つの業種を長くやっていると、一元的にしか見えないものが増えてくる。人生を仕事に捧げて仕舞った結果の視野狭窄《きょうさく》が自分に起こっていたのかもしれない、とも思っている。果たして私は本と読者に正面から向き合ってきていたのだろうか？

新刊書店を離れて始めたこと

現在、筆者はブクログという本のレビューサイトに籍を置き、本を紹介し続けている。家庭事情が重なって新刊書店を離れることになったのだが、次にやりたくなった仕事は本のマス・デジタル双方が関わる販売促進だったからだ。

今取り組んでいることの一つは、話題の本をＳＮＳを通じて、愚直に読者へ伝えることだ。そうして読者・ユーザーが読んでみたいと思う本との出会いを作り、演出しようと試みている。

具体的に言うと、同僚とタッグを組み、ツイッターとフェイスブックで本の紹介を日々行っている。そこで注目の本を発売日に紹介することもあれば、新聞やテレビをはじめとしたメディア露出本もできる限りすぐに紹介する。

読者・ユーザーの購読意欲が増し、「読んでみよう」と思い、新刊がたくさん売れてほしいと願う。紹介した本に重版がかかり、本の寿命が延びることがあればなおのこと嬉しい。こうして一種の販促を行い、直接的な仕方ではなく、間接的な形で本を手渡ししようと試みている。つまり本が売れること、読まれることの機縁を作り出そうとしているわけだ。

ただし、新刊で入手不可な本も多い。新刊書店員だった頃は、入手不能な本を紹介することはできなかった。だが、今は本のかつてあったデータをもとに、読者と情報だけ共有したり、古書を紹介することもできる。そう、本のこと、本の情報を、今までの仕方では届けられなかったかもしれない人達に届けようと試みることができる。かつて新刊書店員だった時より、本を紹介するリーチが広がっていると言えるかもしれない。

あるいはこんなケースもある。二〇一八年六月一八日、大阪北部地震が起こった時、SNSで紹介せねばと思った本がある。無料で電子書籍版ないしPDF版が閲覧できる、『東京防災』『東京くらし防災』、そして荻上チキ氏の『災害支援手帖』の三冊だ。

これらは防災知識を得るのに有用な本で、今回の地震をきっかけに紹介し、防災対策を考えている人々のため社会的貢献を果たそうとしたわけだ。こうして紹介したツイートの反響は大きく、リツイートやお気に入りは合計で数千となり、数十万人以上の方々の目にふれることになった。前職では、こういう売上に直結しないやり方が難しかったかもしれないと思う。現職では、こういうやり方も可能なのだ。

ちなみにメディア露出本を紹介し続けているのは、広く言えばもちろん読者・ユーザーのためなのだが、書店員や出版社にも届けばいい、と考えているからでもある。

各人が掴んでいない情報を紹介し、それが書店の仕入に繋がり、売上に繋がったとすれば？

本の紹介によって最寄りの書店や図書館に立ち寄ったとすれば？　書店・出版社の代わりに販促できているとすれば？　――読者・ユーザー、書店、図書館、ひいては出版社と著者にも貢献できたことになるはずだからだ。

昨今はツイッターで本が話題になったり（＊2）、インスタグラムで著名人が本を紹介して（＊3）、数千、数万という売上に繋がる例が増えてきた。けれどもまだ普通の書店員はそこまでアンテナを張れてはいないようだ。本が売れる理由を、ユーザーだけでなく出版業界に翻訳する存在が必要ではないかと思い、その役割を担えればと考えている。

また、ＳＮＳを通じて本を紹介するときにブクログの書誌・アイテムページも紹介しているのだが、そこには多くのユーザーが記した、本の感想が記録されている。魅力的な感想が読者達に伝わって参考になれば、あるいはもっと言ってしまえば本の可能性を押し広げることができればと考えているわけだ。

余談を語りたい。よく出版不況について語られているが、それを目の前の読者やユーザーに広く知られることは一つの不幸ではないかと思う。そしてこれから生まれうる次の読者に余計な十字架を背負わせることにならないか、とも。

もちろん出版不況を一気に解決するような都合の良い神も、「機械仕掛けの神」も存在しないし、現れるわけがない。けれども、ヴォルテールの言を借りれば、「もし神が存在しないなら、それを創り出さねばならない」。私達は創り出さねばならない。

そのためには、時に「本屋さん」全員が立場を越えて手を取り合って協力し合うことも必要であろうし、それが強く望まれているのが今この時なのだろうと想像する。

誤解を恐れず言えば、自分は新刊書店員という立場を離れてしまってはいるものの、「本屋」だ、という自覚がある。本に関わって仕事をして、本の可能性を広げ、寿命を保つこと、あるいは未来の読者が増えることに貢献できればそれに越したことはない。

いずれにせよ、本に関わる全ての人に、何らかの形で本が伝わることを願って、今日も明日も、本を読み、紹介し続けていることだろう。

＊1　例えば、「1日限定！　夢の本屋イベント〜あなたの知らない本屋が東京・入谷に集結!!〜」（二〇一八年三月一七日、https://twitter.com/genteiyumehon）、「本のフェス」（二〇一八年三月二四日、https://honnofes.com/）、「さくらマルシェ２０１８　さほがわ春のほん祭り」（二〇一八年四月七〜八日、https://www.facebook.com/events/199132347514373/）を参照。

＊2　直近の例では、平田篤胤『仙境異聞・勝五郎再生記聞』（子安宣邦校注、岩波文庫、二〇〇〇）。以下のツイートを参照。https://twitter.com/merongree/status/963015471845974016

＊3　これも直近の例では、佐藤正午『鳩の撃退法』（小学館文庫、二〇一七）。石田ゆり子さんの紹介直後から本の売上が跳ね上がった。以下の投稿を参照。https://www.instagram.com/p/BeXpK-ZhKnr/

本というものの持つ可能性を狭めるのではなく、それに寄り添おうとしたとき、店舗を持つ本屋も、もっと自由であるべきなのかもしれませんね。その自由に、本屋自身がもっと気づくべきなのかもしれません。本屋がやりたくてもやれないことを、本の周りにいる人たちがどんどんやり始めています。本来なら、本屋がやらなければいけないことを。

一方の本屋は、店舗を維持していくために、必死に耕し続けていた棚を泣く泣く削る作業をし、その代わりとなる利益率のいい商材を探す日々が続いています。僕も現在、雑貨店と、CDや文具との複合店の店長を兼任し、一日の仕事のほとんどを、本から離れて働いています。

それが今の自分の役割だと思っていますし、なによりそれを楽しいと感じられる自分がいるのもたしかですが、やはり本に関わる仕事だけはし続けたい。そう願い、様々な媒体を通じて本を紹介することをし続けています。本と読者を繋ぐ仕事が本屋の仕事なのだと自分に言い聞かせて。

そう思ったとき、先述のように、本の周りにいて本と何かを、本と誰かを結び付けようとしている人たちもまた、「本屋」と呼べるのではないかと、考えるようになったのです。目に見える以上に、「本屋」の世界は広いことが、おわかりいただけたのではないでしょうか？

一方で、店舗を持つ本屋もまた、本と読者を繋げようと様々な試みを始めています。続いては、全国各地の取り組みを紹介してみたいと思います。

第三章

あのまち、このまちでも……本屋はワイワイやってます

全国各地に、書店の枠を越えて連携し、新しい枠組みで本との出会いをつくろうとしている書店員がいます。

そのきっかけとなったのは、二〇〇四年に出版業界を現場から盛り上げていこうと、書店員有志で組織する本屋大賞実行委員会によって創設された、「全国書店員が選んだ いちばん！売りたい本 本屋大賞」でしょう。

本屋大賞は、新刊を扱う書店の書店員の投票によって、ノミネート作品および受賞作が決定されます。二〇一八年で一五回目を迎えた本屋大賞は、四月の本屋の風物詩として定着し、その発表を心待ちにしてくださっている読者もたくさんいらっしゃいます。

参加する書店と書店員の数は年々増えています。本屋がつくった本屋のイベントとして最大と言えますが、その成功の要因はどこにあるのでしょうか。

僕は、この本屋大賞という賞が、長いこと本屋業界がメインの顧客として見てきた「これまでの読者」のためだけではなく、「これからの読者」へ向けて、本の面白さを訴えたことにあると考えています。

本屋大賞が発表された翌日からは、受賞作を求めて多くの読者が本屋に足を運んでくれます。

一方で、近年、雑誌の売上が不振と言われていますが、それは、本屋に足を運ぶ回数が減っていることを意味します。毎月定期購読していた雑誌を読まなくなる人は、月に一度本屋に足を運ぶ習慣がなくなる。定期購読していた週刊誌を読まなくなる人は、週に一度本屋に足を運ぶ習慣がなくなる。

そうやって足が遠のく読者に、もう一度本屋に来てもらうきっかけをつくることは、一つひとつの書店の努力では本当に難しい。難しいのです。

でもそれを一五年間、やり続けていることにこそ意味があるのでしょう。さらに、多くの方に、久しぶりに本を読んでみようと思い起こしてもらったことや、本屋の現場から出版業界を盛り上げようと様々な取り組みが増えたことも、本屋大賞の大きな功績だろうと思います。

この章では、書店の枠を越え、地域の本屋の連携から生まれた、読者と本との新しい出会いを創り出そうとしている方々に、それぞれの活動と地域の本屋について書いていただきました。

大人にも、子どもにも素敵な本を……静岡書店大賞

高木久直（戸田書店掛川西郷店）

不安の中から生まれた船出

ここ数年、講演や原稿などの依頼を頂くことが増えた。きっかけは静岡書店大賞にあることは間違いないのだが、期日が先であればあるほどお断りしようかと思案する。

お断りしようかと思う原因が何かといえば、それはたぶんそのイベントを迎える時点で、私が本屋でいられるかどうかが分からないという漠然とした不安があるからだ。

勤めている本屋が閉店するかもしれない。会社を辞めざるを得ない状況に陥るかもしれない。これまで、そのような店舗や会社、知人を沢山見てきた。自分だけは大丈夫なんて思いようが

ない茶飯《さはん》が横たわっている。いつも必死だし、背水の陣のつもりでリアル本屋を続けている。もし、皆さんが本書を手にとって、この文章を読まれているのであれば、私はきっとまだ立っていられたのだろうと思う。私だけがということではなく、こういった閉塞感こそが大同小異、今の出版業界が直面している状況を物語っているのではないだろうか。

私が書店員になったのは一九九七年。当時の本屋は「置けば売れる」と言われたような時代で、今と比べれば確かに本屋は賑わっていた。気を抜けば平台は空き、棚の本は次から次へと倒れていった。現在のように多種多様な安価媒体は無かった時代。異業種から転向してきた私にも、いかに本屋が愛されているかが実感できた頃だ。

ただし、そんな状況に甘んじてかストイックさを感じない現場には当初から違和感を覚えた。購買意欲を掻《か》き立てるようなＰＯＰやポスターを店頭に飾れば、むしろ「そんなもん必要ない」と上司に叱られた。本を買って下さいと薦めることや、お金の話をすることはしたないという風潮が強く、お客様に「お買上げ頂いたことへの感謝」を伝えることをややもすれば怠ってきたのだろうと思う。

出版社を含め、こういった控えめな慣習がこの業界には脈々と続いていた。すべての原因がそこにあるとは言わないまでも、それから今日に至るまでは周知の通りで、出版不況と一言で片づけるには厳しすぎる現実がここにある。本屋の数は半減し、業界の売上もほぼ半分になった。

二〇年近く本屋に勤めさせてもらったが、出版不況と言われながらも割と順風満帆な書店員をさせてもらったと思う。『他がやらないことをしたい。お客様を楽しませたい』をテーマに自店を切り盛りしてきた。今もって出勤するのは楽しくて仕方がない。

だが、一冊を読者に届ける大変さは年を追うごとに増していく。入社当時から見れば、一冊に掛ける時間や労力は数倍になった。店のインプットに留まらず、外に向けたアウトプットもどんどん増えていく。しんどいと感じることが多いのだけれど、リアル本屋としてこのくらいやらなければもう読者を繋ぎ止めておくことは出来ないのだと思っている。

そんな本屋としての日常の中でやがて、自店を切り盛りするだけに胡坐《あぐら》をかいていていいのか？　本離れをどう食い止めていけばいいのか？　これからの人に読書の楽しさをどう伝えていけばいいのか？　業界が抱える問題を解決するために何が出来るのか？　漠然とではあるけれど見据えるようになっていった。

格好よくいえば、そんな観念を具現化するためのきっかけ作りが静岡書店大賞の立上げだった。既にして全国区となっていた「本屋大賞」のチャレンジが私の背中を強く押してくれた。

静岡県の本屋全体で少しずつ力を出し合って、業界を支えるような仕組みを作りたい。考えるほどに目前にはハードルが数限りなく広がる。取組むということは会社員としての勤務に加えたボランティア活動の連続であって、その全てに責任をもてるかどうかを覚悟することでもあった。

やる以上は初めてだからと言い訳はせずに、出来る限り多くの書店員や本屋が参加し、出版社が注目し、マスコミが騒ぎ、一般読者が本屋に押し寄せるような大きな流れを作らなければ意味がないと思った。

そして、初年度からの成功なくして次の道を拓くことは出来ないと覚悟した。金も無い、コネも無い、ノウハウも無い、何もかもが無かった。けれど成功方向にベクトルが向くのであれば、思いつく限りの手配とお膳立て、良かれと思うことは全てやろうと決めた。そんな船出だった。

静岡の本屋が考えた、静岡色

二〇一二年の春。県庁（県教育委員会）訪問を皮切りに、一軒一軒本屋を巡る旅が始まった。町の本屋は、高齢の経営者も多い。ネットやメールでの呼びかけには限界があると思った。実際にひざを突き合わせて考えを聞いて貰い、賛同を得ていくしかない。何の組織にも属さない私に出来ることは足で稼ぐことだった。

週休二日は、全てこの本屋訪問に充てた。訪問できない本屋には電話をし、手紙を書く作業は連日深夜にまで及んだ。

半年も経つと訪問した本屋は一二〇店に上り、その中で徐々に手ごたえを掴むようになる。「なんとかしなければいけない」という思いが、県下の書店員たちの心にも溢れていた。とりわけ実行委員として賛同してくれた書店員たちには感謝の念に堪えない。

静岡県の本屋事情と言えば、いわゆる地の本屋として古くから営業を続けてきた老舗が多い。アマノ、イケヤ、江崎書店、マルサン書店、谷島屋、焼津谷島屋、吉見書店、藤枝江崎書店、本の王国（順不同）などは、そんな老舗の中でも当初から親身になって協力してくれた。

本屋訪問の中で痛切に感じたのは〝読者育て〟をいかにしていくかということ。少子化という理由で、子どもの本や学習参考書を置く本屋が少なくなっていく。

静岡書店大賞の取組みは大人が読む本のみを顕彰するのではなく、子どもが読む本を最大限顕彰していこうという流れが出来たのは、多くの書店員の想いがそこにあったからに他ならない。子どもたちに素敵な本との出会いの場をつくり、本と親しめる子どもを育てることこそ将来の読者に繋がる。これを静岡色にしようという流れが出来ていった。

町の本屋と話すにつれ問題も浮上する。「素敵な取組みだと思うけれど、町の本屋に話題書は入らないでしょ。いつも置いてきぼりにされちゃうでしょ」という業界の柵を如何に乗り越えるかということだった。

我々も日頃、自社のための仕入れ活動に腐心する。しかし、他社を含めた本屋全体の仕入れ活動などはしたことはない。ともすればライバルのために本を確保することになる。

だが、この取組みは我々にとって特別だった。全体のためになってこそ意味があるという信念で実行委員たちは集った。大賞が決定したら、全員で出版社に静岡の総意として出荷願いに行こうじゃないか。土下座してでも全体のための仕入れにチャレンジしようじゃないかと決意したのだった……。

初年度から全ての受賞版元が満数の出荷を確約してくれた。書店の数、希望冊数を各取次に配分した。その際、確保した本は小さな本屋に至るまで減数することなく全て出荷することを条件とした。参加する本屋にも大賞本は最低三ヶ月一等地に展示し、返本しないことを条件とした。

マスコミに関しては業界紙のみならず、県内のラジオ局やテレビ局、新聞各紙、フリーペーパーに至るまで、どんなに小さいところにも情報を提供していった。マスコミを最重要視したのは、業界内輪の話題にしても意味が無いと思ったからだ。

読者を巻き込んで、読者が共感し、読者が自ら動いて本屋に足を向けてくれなければ実りは無い。売らなければ次年度以降は参加する本屋も減るだろうし、何より、静岡書店大賞に決まったから重版したのに返品の山、と出版社がそっぽを向いたら存続ができなくなる。

やる以上は、綺麗ごとは抜きにして徹底的に仕上げなければならない。読者も本屋も取次も出版社も、さらには作家もみんなが笑顔になれるように多角的な情報発信が必要だった。

実売が伴う地域文学賞となれたのは、このような信念があったからなのかもしれない。

静岡書店大賞では、誰もが投票しやすいようにメール、ＦＡＸ、手紙、持ち込み何でも受け付けた。初年度に寄せられた票は六百を超えた。勤務後の開票作業は本当に過酷だった。最後の三日間は店に泊まり込みで行った……。

あれから六年が経つ。早いもので今年で第七回目を迎えることが出来そうだ。初年度からの理想を引き継ぎながら毎年のように進化と発展を遂げてきている。

授賞式も開催するようになり、図書館や学校図書館の皆さんも参加するようになった。毎年二〇〇の本屋と四〇の図書館がフェアを実施している。さらに「しぞ～か本の日！」が静岡書店大賞発表の当日に定められ、商談会や読者参加型のイベントも行われるようになった。

こんな横の繋がりの深さが静岡の本屋シーンを支えている。今後も意欲ある後進たちにバトンタッチして繋いでいきたい。

静岡書店大賞で受賞した本が読者の元へ全国へ羽ばたいて行くことを夢見ている。手を拱《こまね》いていても何も始まらない我々の世界。それでも方法は無限にある。伝え方一つを変えるだけで、紙の本はまだまだいけると思うし、私は本屋を楽しみたい。今後も全国の仲間たちにエールを送り続けたいと思う。

私が生まれ育った伊豆地方は、静岡の中で高齢化と過疎が進み、町の本屋が急速に姿を消しつつある。そんな町でも、そこに暮らす子どもたちがお小遣いを握りしめ気軽に本が買える環境を整えたい。無理かどうかではなく、やろうと思う。

【静岡書店大賞（SST）概要及び歴代受賞作】

●概要

静岡書店大賞とは、静岡県内の新刊書店員と図書館員、学校図書館に携わる人が投票権を有し、その投票結果にて大賞を決定する静岡県独自のオープン文学賞です。

投票対象となる本は、毎年九月一日から翌年八月三一日までの一年間に刊行された日本の小説、日本の文庫、及び日本の児童書です。※児童書は名作ジャンルを併設。

投票は、「多くの県民に薦めたい！」と願う本を各ジャンルごとに三作選び、順位をつけて推薦理由とともに投票します。各ジャンルで獲得点数が最も多かった本が大賞となるシステムです。発表は、毎年一二月初旬としています。

また、静岡書店大賞は大賞を発表するだけに留まらず、年間を通して県民に「本の素晴らしさ」を伝え、読書文化を発展させるための活動をし、読者を育むことを目的とした取り組みにチャレンジしています。

●歴代受賞作

第一回　二〇二二年――事務局長：高木久直（戸田書店）

〈小説部門〉

大賞：『きみはいい子』中脇初枝（ポプラ社）　★映画化

静岡作家賞：『本ボシ』曽根圭介（講談社）

特別賞：『おもかげ復元師』笹原留似子（ポプラ社）

〈児童書・新作部門〉

大賞：『きょうのごはん』加藤休ミ（偕成社）

第二位：『ふじさんファミリー』みやにしたつや（金の星社）

第三位：『うどんのうーやん』岡田よしたか（ブロンズ新社）

〈児童書・名作部門〉

大賞：『100万回生きたねこ』佐野洋子（講談社）

第二回　二〇一三年――事務局長：野尻真（谷島屋）

〈小説部門〉

大賞：『想像ラジオ』いとうせいこう（河出書房新社）　★ラジオドラマ化

〈児童書・新作部門〉

大賞：『パンダ銭湯』 tupera tupera（絵本館）
第二位：『しろくまのパンツ』 tupera tupera（ブロンズ新社）
第三位：『りんごかもしれない』ヨシタケシンスケ（ブロンズ新社）
〈児童書・名作部門〉
大賞：『からすのパンやさん』シリーズ　かこさとし（偕成社）
〈映像化したい文庫部門〉
大賞：『和菓子のアン』坂木司（光文社）

第三回　二〇一四年——事務局長：新村英希（江崎書店）
〈小説部門〉
大賞：『本屋さんのダイアナ』柚木麻子（新潮社）
〈児童書・新作部門〉
大賞：『うみの100かいだてのいえ』いわいとしお（偕成社）
第二位：『かぜのでんわ』いもとようこ（金の星社）
第三位：『おかあさんだいすきだよ』みやにしたつや（金の星社）
〈児童書・名作部門〉
大賞：『ぐりとぐら』なかがわりえこ・おおむらゆりこ（福音館書店）

〈映像化したい文庫部門〉
大賞『書店ガール』シリーズ　碧野圭（PHP研究所）★テレビドラマ化

第四回　二〇一五年――事務局長：河口雅哉（本の王国）
〈小説部門〉
大賞：『朝が来る』辻村深月《みづき》（文藝春秋）★テレビドラマ化
〈児童書・新作部門〉
大賞：『ママがおばけになっちゃった！』のぶみ（講談社）
第二位：『きょうのおやつは』わたなべちなつ（福音館書店）
第三位：『りゆうがあります』ヨシタケシンスケ（PHP研究所）
〈児童書・名作部門〉
大賞：『はらぺこあおむし』エリック・カール（偕成社）
〈映像化したい文庫部門〉
大賞：『ちょっと今から仕事やめてくる』北川恵海《えみ》（KADOKAWA）★映画化

第五回　二〇一六年――事務局長：丸林篤史（谷島屋）
〈小説部門〉

大賞：『ツバキ文具店』小川糸（幻冬舎）
〈児童書・新作部門〉
大賞：『もうぬげない』ヨシタケシンスケ（ブロンズ新社）
第二位：『このあとどうしちゃおう』ヨシタケシンスケ（ブロンズ新社）
第三位：『ネコヅメのよる』町田尚子（WAVE出版）
〈児童書・名作部門〉
大賞：『だるまさんシリーズ』かがくいひろし（ブロンズ新社）
〈映像化したい文庫部門〉
大賞：『活版印刷三日月堂』ほしおさなえ（ポプラ社）

第六回　二〇一七年──事務局長：小川誠一（マルサン書店）
〈小説部門〉
大賞：『AXアックス』伊坂幸太郎（KADOKAWA）
〈児童書・新作部門〉
大賞：『うわのそらいおん』ふくながじゅんぺい（金の星社）
第二位：『そらの100かいだてのいえ』いわいとしお（偕成社）
第三位：『なつみはなんにでもなれる』ヨシタケシンスケ（PHP研究所）

〈児童書・名作部門〉

大賞：『しろくまちゃんのほっとけーき』わかやまけん（こぐま社）

〈映像化したい文庫部門〉

大賞：『余命10年』小坂流加《るか》（文芸社）

広島本大賞は、最初から「広島本大賞」だったわけではない

三島政幸（啓文社ゆめタウン呉店）

酒飲み的なものが……あれっ？

私の頭の中にあったのは、千葉の書店員さんたちがやっている「酒飲み書店員大賞」だった。実際に参加したことがないので違っていたら申し訳ないが、酒を飲みながらだらだらと本を推薦しあっているのかなあ、と思っていた。そんな集まりを広島でもやってみたい、と。

二〇一〇年当時、ツイッターは現在ほどには誰もがやっているツールではなく、またフェイスブックもまだ一般的ではなかった。私は主にミステリ情報の収集や、書店員との交流を目的にツイッターをやっていた。そのうちに「このアカウントは広島の書店員らしいぞ」となんと

なく気づいてくる。

となってくると、実際に会いたくなるもの。要は「オフ会」をやってみたい、とまず思った。広島の書店員さん一〇人ほどに声をかけ、またタウン情報誌の編集さんにも声をかけた。

夏のある日、最初の会合が行われた。そこで、冒頭の「酒飲み書店員大賞」的なノリのことを提案しようとした。雑談の中で、なんかみんなで本をプレゼンして一番面白いと思った本を広島書店員大賞みたいな感じでプッシュしよう、と。

ところが、この会合に、ある版元の広島営業担当さんが参加されていた。その方にも、こんなことやりたいんすよねえ、みたいなざっくりした話を振っていたところ、なんとこの会合にレジュメを持ってきていたのだ。

そこには「広島本大賞」の名前が……。

どうやら、広島の書店員が集まってなにか本を選ぶなら、なんらかの形で広島にゆかりのある作品を選びませんか、という趣旨らしい。

あれ、オレが思っているのとはちと違うなあ、と思ったが、タウン情報誌さんからも、誌面で紹介するなら広島に関係した方がいい、という提案もあった。あれあれ、型に嵌《は》めた賞にしちゃうのか……。

実は当初私が想定していたのは「酒飲み書店員大賞」のほかにも、京都の書店員が選んでいた「京都水無月大賞」もあった。共通点は、地域限定ではなく、フリージャンルで本を推薦するということ。そのノリでの賞開催の提案をしたのだが、話がするするとまとまっていくではないか。仕方あるまい、それでやってみようか、と腹を括《くく》った。

そう、「広島本大賞」は構想当初、広島とのつながりは意図していなかったのだ。

しかし、これは後から考えると、いい判断だったのではないかと思う。地域の書店がやるのだから、地域に根ざした方が反響はあるだろうし、地元メディアも興味を示してくれる。

個性的な面々でお送りしております

かくして、「広島本大賞」はスタートした。広島の書店員とタウン情報誌がタッグを組み、広島の魅力溢れる作品を毎年選び、授賞式を開催している。

……では、あるのだが。

実は広島本大賞、そんなに大きな賞とはまだまだ言えない。私たちよりもあとに始まった地域賞の方が、盛り上がりがすごいのが多くて、正直、焦ってもいる。

実質的に動いてるのは、実行委員十数名だけだし、選考会の会場費、授賞式の会場費、記念品代、その他雑費にいたるまで、全て実行委員たちが負担し合っている。完全ボランティアだ。なので、受賞作家さんを広島にお招きする経費も自分たちでは出せないため、受賞作家さんの版元に負担をお願いしている。

考えてみれば、版元からすれば「受賞したからお金を出せ」と言われているようなもので、大変失礼なことだと思っている。申し訳なく思いながらも、無理を承知でお願いし、版元さんにもご快諾いただいている。できれば、会計関係をきっちりして、スポンサーを募集して、収支報告を透明化していきたい、というのが現在の野望である。

広島本大賞が一回二回程度で頓挫することなく、今まで（二〇一八年が第八回目）続いているのは、ひとえに、実行委員たちの熱意が途切れないからだと思う。

さっきも書いたように、完全ボランティアの中、毎年参加してくださっている。売上につながるので間接的には利益になっているが、選考や授賞式など、みんなが面白がってくれているのがありがたい。毎年、異動や退職などで少しずつメンバーの変動はあるものの、中心メンバーはほぼ固定している。もちろん、二〇一〇年の最初の会合からずっと参加してくださっている書店員もいる。

広島本大賞は、書店のトップが作ったものではなく、私たち現場担当者たちが勝手に運営している。会社的には、競合店と手を組むとは何ごとだ、と思われているかも知れないが、私たちは実にお気楽にやっており、自由である。

現在では、広島本大賞に関係ない時でも、常連メンバーで割と頻繁に集まり、飲むようになった。仕事の愚痴を言い合うというよりは、本の情報交換だったり、日々の雑談の方が多い。ぶっちゃけ、ただの飲み会だ。

広島には大きな書店チェーンとして、「フタバ図書」「廣文館」「啓文社」がある。また、ナショナルチェーンで広島に店舗があるのが「紀伊國屋書店」「丸善」「ジュンク堂書店」だ。ここに挙げた書店チェーンから、それぞれ少なくとも一名は実行委員が参加している。

なので、この六チェーンでは、広島本大賞の展開が見られるはずだ（展開規模等はチェーンの判断に任せているので、お店によっては展開の見られないところがあるかも知れない）。

また、BL本の通販で全国に名を馳せる「中央書店コミコミスタジオ」も参加している。選考会にここのブックカフェ「ブック・ラビリンス」さんをお借りしたこともあった。

広島の書店員は個性的だ、と、広島に来られた作家さんや、出版社の営業さんからよく言われる。自分のことはよく分からないが、ああたぶん、あの人やこの人のことを指してるんだろうなあ、と勝手に納得している。

私自身は、個性的な書店員だとは微塵も思っていない。普通の書店の店長にすぎない。現在、運営を任されている「啓文社ゆめタウン呉《くれ》店」は、呉市の書店だ。「戦艦大和」などの海自関連書に力を入れている。また最近では『この世界の片隅に』『孤狼の血』など、話題性の高い場所でもある。

啓文社はどの店舗も地域密着を心掛けているので、そういった呉ならではの特色も出しているが、全体的には、普通の本屋さんだ。でも普通であることこそが重要だと思っていて、あまり尖《とが》った売場は作っていない。私は元々ミステリマニアなので、ところどころ、ミステリの濃いものをさり気なく置いていたりする。もっとガチガチのコーナーを大々的に作ってもいいのだが、以前他の店でチャレンジして失敗した苦い経験もあり、もう冒険はしていない。地方都市では、専門店的な展開は、ちょっと難しいかなと思う。

広島の書店員といえば忘れてはいけないのが、「ウィー東城店」の佐藤友則さんだろう。恐らく、最も精力的かつ個性的な書店員である。佐藤さんのパワーを分けてもらいたいと思うくらいだ。が、佐藤さんについては別項目で語られているので、ここでは割愛する。

私が知っている広島の書店員の動向は、どうしても広島本大賞がメインになってしまうので、広島本大賞を中心に現在の状況をまとめてみた。私が存じ上げない地区で別の交流や盛り上がり、あるいは物語があるかも知れないが、そこはそれ、ということで。

あえて「大阪本屋大賞」としなかった、「大阪ほんま本大賞」

森口俊則（書店員）

長い正式名称に込められたもの

八月の終わり、大阪の商店街にある小さな書店の一角で二〇一六年「大阪ほんま本大賞」受賞作家、増山実氏のサイン会が行われた。

増山氏はサインをしながらお客と気さくに会話を交わし、店の外では取次会社の人間が商店街を行き交う人々に向けて声を張り上げサイン会の呼び込みを行っている。書店員、取次、作家、そして読者が書店の店頭に集まる光景が「大阪ほんま本大賞」そのものを表していると思った。

会場となったのは大阪市北区の西日本書店。店を入ってすぐの場所に受賞作が大々的に並べられ、その周りを受賞作のストーリーに関係する阪急電車や西宮球場のスコアボード（すべて手作り。二週間を費やして作られた力作である）が飾り付けられている。同店の槌賀啓二氏は大阪ほんま本大賞の趣旨に賛同し、第一回から積極的に受賞作を推す書店員の一人で、こう語る。

「たとえば地元が舞台になっていると風景が頭に浮かびやすく、物語に入り込みやすい。ほんま本大賞はハズレがないね、とお客様から思っていただけるようになれば」

「書店どうしの壁、書店と取次の壁をこえて一冊の本を一丸となって売る。そこに実際に参加して一緒に盛り上げている、という実感があります」

大阪阪の本屋大賞ともいえる「大阪ほんま本大賞」は通称である。正式名称は「大阪の本屋と問屋が選んだほんまに読んでほしい本」と長い。

年に一度、ほんま本大賞を選出するのが二〇一六年で四回目を迎える「OsakaBookOneProject（略称：ＯＢＯＰ）」。ちなみに二〇一五年までは「ほんま本大賞」の通称はなく、「ＯＢＯＰ選定作品」として発表されていた。

全国各地でいわゆる「ご当地本屋大賞」が生まれる中、あえて「大阪本屋大賞」としなかったのは
「大賞としてしまうと作者に対して賞を与えるといった印象になる。選ばせていただく、売らせていただくという気持ちをこめてこの名称になった」

と発起人兼実行委員の一人でOBOP発足より深く関わっていた宮脇書店大阪柏原店店長（当時）の萩原浩司氏は言う。

OBOPの始まりは二〇一二年一〇月。大阪でも本屋大賞みたいなものができないかという数人の有志による発案から話は進み、やがて大手書店や取次まで巻き込んだ大プロジェクトに発展した。現在は大阪の様々な書店や取次五社の代表など約四〇名から成る実行委員が組織されている。OBOPの目的を萩原氏は、

「本屋大賞という成功例を見て、関西の本屋を店頭から盛り上げたいと思った。売るということに対するモチベーションを高めたかった」

と語る。

ノミネート対象の条件は、小説であること。作品の舞台や作者の出身などが関西であること。作者が存命であること。そして文庫であること。文庫に限定したのは、小さなお店でも入荷しやすく棚に置きやすいように、という考えからだ。

選定方法は、まず関西の書店員や出版社などから候補作を広く募集し、一次投票によって五作品に絞る。さらに二次投票によって五作の中から大賞作が決定する。この投票は、書店員だけでなく取次の社員にもその権利がある。

投票だけでなく、プロジェクト運営全般において、書店だけでなく取次の人間が大きな役割を果たしているのがOBOPの特徴といえるだろう。先に書いたように、実行委員には取次の人

間が多く含まれる。書店の店頭を盛り上げようという熱意を持つ人間は取次にも存在しているのだ。また取次がプロジェクトに主体的に関わることで、配本や各書店への情報伝達がスムーズに行われるなど実務的なメリットは大きい。実行委員たちはそれぞれ多忙な日常業務を抱えながらも時間を捻出して集まり情報を共有し、話し合いを重ねている。

そして最も大きな特徴が、大賞作の売上げ金額の五パーセントを使って大阪府下の児童養護施設に本を寄贈するという取り組みだ。こうした施設では古い問題集を使い回すなど図書の整備状況が満足とはいえない。そんな現状への一助になればと寄贈は第一回から続いている。

ちなみにこの取り組みは、かつて関西商人たちは儲《もう》けを追求するだけでなく社会貢献もしていたといった歴史をふまえたものである。利益を還元することの社会的意義と、未来の読者の育成、販売側のモチベーションアップという利点を含んだ素晴らしい取り組みだといえよう。

「かもしれない」は可能性や希望の話

「発表後は新聞にも広告が載る。その広告を見た人が本屋へ足を運ぶきっかけにもなり、来店したお客さんと本屋との会話に繋がるかもしれないと期待している」

と萩原氏。

ほんま本大賞は発表後の結果、つまり「売る」ということを意識した賞でもある。

第一回から選考委員を務めるダイハン書房本店の山ノ上純氏も、

「今は本が売れにくい時代だけど、ちゃんと仕掛ければ結果が出ると書店員に実感してほしい。受賞作を発表してゴール、ではなく売り上げ目標に向けて努力して、その先の寄贈まできちんと繋げたい。受賞が大阪や関西だけでなく全国規模での増売に繋がれば」

と話す。

書店員達から話を聞き共通して感じたのは「業界が力を合わせて」自分たちが本当に薦めたい本を売り薦め、書店の店頭を盛り上げることから業界全体を活性化したいという強い気持ちだ。「業界」と書いたが、ほんま本大賞候補の条件として「著者が存命」とあるのは受賞後のプロモーション活動に著者にも協力を仰ぎたいという理由であり、「業界」の中には著者も含まれている。

各々の立場を活かしつつ、その立場を越えて連携し、そのエネルギーを業界の内から外へ放射することこそＯＢＯＰの本質なのだとすれば、その仕組みは、ほんま本大賞の選定のみに限らず、今後は関西の出版業界において様々な本にまつわる活動の拠点となるかもしれない。その活動は若い書店員を育む場になるのかもしれない。そこから発信されるものが読者の足を書店へ運ばせることに繋がるかもしれない。

いくつかの「かもしれない」は仮定や想像の話ではなく、可能性や希望の話だ。そしてＯＢＯＰの可能性は、そのまま出版業界全体の可能性にもなるはずだ。

神奈川県のみんなで一番好きな本を決めよう——神奈川本大賞

安田有希（元紀伊國屋書店横浜みなとみらい店）

他にはない選考方法

「この本おもしろかったよ！」

有名文学賞を獲った本よりも、著名人が書評で紹介する本よりも、友人のこんな一言で紹介された本の方がずっと気になるという人は少なくないんじゃないだろうか。そんな風に考えたのが、神奈川本大賞のきっかけでした。

友人、という枠をもう少し広げて、神奈川県のみんなで一番の本を決めることができたとしたら。「神奈川県」という地元にも意識を向けられて、そして大賞になった本の話題をきっかけに、「一緒に作った県民同士」という輪も、もっともっと広げられるのではないだろうか。そう感じたのです。

わたしは学生時代のアルバイトを含め、三つの書店の店頭に立ってきました。受け持った担当ジャンルも雑誌、社会科学、人文科学、文芸書、芸術書、洋書と様々。趣味は、読書はもちろんですが、登山、スキー、キャンプ、手芸と、あまり本に関係のない世界にも興味があり、そして日々、本屋の店頭に立っていると、これまた様々な方に出会うことになります。

黙々と棚に向き合って本を吟味される方、友人と「これは読んだ、これは面白い、これはまあまあ……」と棚の前で紹介しあう方。ＴＶで紹介されていた、新聞で広告が出ていた、と気になった情報を片手に来店される方。特定の作者の新刊を求める方。直木賞、芥川賞に代表される文芸賞受賞作品を追う方。店頭で表紙や帯などを見て、ジャケ買いされる方……。

会計が終わっても、レジカウンターで好きなシリーズについて長々と語っていく方もいます。またこういった「自分で本を探す、選べる」方とは逆に、「読みたいけれど何を選んだらいいのか分からない」という方もいます。

自分の好きな本を薦めたい人と、お薦めを知りたい人、その近いようで全く違う両者を繋げることができたらおもしろい。そんな思いもあって神奈川本大賞は始まったように思います。

二〇一四年に迎えた第一回は、今思えば頭の中の理想をがむしゃらに追った結果でした。

・出来る限り実行委員は黒子に徹し、一般の県民によって大賞を決める賞にしたい。
・一般の方から募集するのだから、刊行時期やジャンルなどの出来る限りの制約は排除したい。
・本自体にはもちろんだが、それよりも投票してくれた県民の熱い思いに大賞を贈りたい。

その三点を柱とし、新刊既刊は問わず、作品ジャンルも不問。票数ではなくそのお薦め本へのコメントの熱さでノミネートを決める、という他に類を見ない選考方法の賞がスタートしました。

一次投票では県民からお薦め本とその本への推薦コメントを募集し、そのコメントを読んだ県民代表がノミネート作を一〇作品に絞る。そして、最終投票はその一〇作品のノミネート本と推薦コメントのなかから一人一票投票し、得票数の一番多いものを神奈川本大賞とする。

県民代表は、県内で活躍されているサッカー選手やかき氷屋さん、養豚業者さん、元パラリンピック選手など一〇名。投票してくれる一般の方々が少しでも身近に、親しみを感じてもらえれば、という観点であえて出版業界だけに絞らずにお願いしました。

そもそも実行委員であるわたしたちも、書店員だけではなく図書館司書、学校司書、本に関わる番組を持つラジオアナウンサーなど様々でした。

書店員の最終的な目標はやはり「売りたい」ということです。でも、司書の方にとっての目的は県民のニーズや本を「知りたい」であったり、また本を「知ってほしい」であったり、様々な立場から様々な意見や目的を持って、神奈川本大賞の枠組みはできていきました。わたしも書店員として「売りたい」という気持ちはもちろんあるものの、それだけで終わりたくない。本をもっと身近な存在にしたいという気持ちが強くありました。

全ては「書店員や業界内の限られた人だけではなく一般の県民によって決める賞にしたい」との思いを優先して始めた第一回でしたが、やはり一番の問題はコストの面でした。

実行委員はそれぞれ会社を背負っているわけではなく、あくまで志を同じくする者たちで自主的に結成、運営しているので、どこかから予算が下りるわけではありません。

書店の業界内だけなら、例えばメールやFAXで告知、投票できるような場合でも、世間一般に広くお知らせし募集するには、告知ポスターや投票用紙の印刷代、実際の店舗に置いてもらう投票箱、それを届ける送料、また投票用紙回収の返送料などどうしても費用が掛かる面が多く出てきます。

神奈川本大賞の趣旨に賛同してくださった方々からの援助や寄付によって第一回は開催できたものの、それをずっと続けるわけにいかないことは、実行委員一同身をもって感じていました。

そして二〇一六年、第二回の開催までには紆余曲折があり一年空いてしまったものの、継続したい、との思いで最終的には大幅に規模を縮小しての開催になりました。

一番大きな変更点は、ネックだったコストを徹底的になくすため、実店舗でのリアル投票にこだわった第一回とは逆に全てをネット投票に変更した点です。

店頭での投票がないためポスターや投票用紙などの宣伝物印刷の必要がなく、告知・宣伝は基本的にツイッターやフェイスブックいったネットでのみ。そのためコストは大幅に減らすことができたもののもちろんいいことばかりではなく、認知度は第一回に比べ格段に下がり、特に年配層や、学校で投票に参加してくれた学生の投票数もかなり減ってしまいました。

また、対象となる本も新刊既刊不問だった第一回とは違い、まずは書店で仕掛けやすくするため、発刊から一年以内の新刊に絞ることに。

これは比較的刊行の新しい本の方が市場にも版元（出版社）にも在庫がある場合が多く、書店が在庫を確保しやすいという利点を優先したからです。

書店が売るための目線が強くなる変更だったものの、本をきっかけに人との輪を広げて欲しい＝たくさんの人に読まれ、話題として広がってほしい、という思いで立ち上げた賞なので、まずは少しでも多くの人が手に取ってくれる機会を作りたい、と考えた上での苦しい変更でした。

この後の開催でもいくつかルールに変更点はあるものの、二〇一八年開催の第四回まで、大まかな内容はこの第二回開催時のものを踏襲しています。

第一回から第二回と、二回の開催の間にこれだけ変更があるということからも分かるように、神奈川本大賞はまだまだ完成していない、未熟な賞です。実行委員たちも、仕事外の活動のため本業が忙しく、どうしても手が回らないことも多々あります。

土日が休みということもなく、それぞれがそれぞれの仕事のシフトで動いているので、実行委員全員が一堂に会する、ということも滅多にありません（大体の話し合い、報告、意見交換はＳＮＳで行うことがほとんどです）。

けれど、仕事ではないからこそ、純粋に「本をきっかけに人との輪を広げたい」という趣旨に向き合うことができるし、本であっても書店や図書館だけに縛られない賞を運営することができる。また逆に、本に近い仕事をしているからこそ、神奈川本大賞を作り上げていく上でできることも多いはずです。

「限られた人だけではなく神奈川県のみんなで一番好きな本を決めよう」「本をきっかけに人と人とを繋ごう」という思いは一貫して変わることなく、一歩一歩、道を模索しながら進んでいるところです。

「神奈川県」としての共通意識、ありますか？

そしてもうひとつの神奈川本大賞の大きな目的は、「神奈川」という地域に愛着を持って意識を向けるきっかけになれたらな、ということにあります。

元々わたし自身、神奈川の出身ではありません。幼いころから関西、関東、海外と転勤族だった父のおかげで色んな所を転々とし、その中で偶然腰を落ち着けることになったのがここ、神奈川県でした。

海沿いの横浜、川崎、横須賀。山側の厚木、箱根……。地域ごとに有名なところが多いせいか、県としてよりもそれぞれの市や地域としての個性が強く、同じ「神奈川」としての共通意識は住んでいてもあまり感じません。かくいうわたし自身も、旅行先などで「どこから来たの？」と聞かれたら「神奈川」ではなく「横浜」と答えてしまうくらいです。

けれど、海も山も擁する神奈川県は、古いものを残しつつ、新しいものや自分とは違うものも柔軟に受け入れる多様性をもまた、兼ね備えていると思うのです。

たくさんの魅力を持つ神奈川県を、すこしでもひとつの仲間として考えることができたら、それはとても素敵なことだと思うのです。

神奈川をひとつにまとめることができるなら、そのきっかけは本でなくてもいい。最初はそう思っていました。

しかし、手に取る方の性別も老いも若きも問わず、レストランとも違って、普段着でもおひとりさまでも気負うことはない。誰でも平等に、そしてフラットな気持ちで向き合えるのが本であり、本屋なのではないだろうか。

そう思えた時、人と人との輪を繋ぐのに本ほどぴったりなものはないのではないかと感じました。

将来的にはもしかしたら、「横浜代表」「川崎代表」「小田原代表」など、各地域からノミネートを募って大賞を決める、ということもできるかもしれませんし、一箱古本市のように、たくさんの人が集まって自分の個人的神奈川本大賞（お薦め本）を一箱用意し、プレゼン、交換（販売）する、というイベントなどを企画してもおもしろそうです。第一回の時のように実店舗での投票を再度試みたいという思いもありますし、毎回その都度それまでのご意見や反省点を生かし、従来の形にこだわることなく五回六回と、長く続けていきたいと思っています。

また、そのためにもたくさんの方から新しい意見や考え方をたくさん聞いて取り入れていきたいと思っています。

「ねぇねぇ、今年の神奈川本大賞なんにした？」

そんな会話を、いつか電車内で聞けるほど神奈川県に浸透してくれることが、実行委員たちの目標です。

【神奈川本大賞概要】

●神奈川本大賞とは

書評家や一部の限られた人だけではなく、県民みんなが好きな本は自分たち県民で決めよう！　という思いから生まれました。神奈川県民が「薦めたい！」と思う本に贈られる賞です。

●投票方法（第四回次を紹介）

一．一次投票
全国の書店員（古書店含む）・図書館員・神奈川本大賞実行委員より、神奈川本大賞候補作品を、ひとり二作品まで、推薦コメント付きで募集。対象となる本は下記参照。投票はネット（投票フォーム作成）投票のみとする。第四回次の募集は二〇一八年五月一日～六月三〇日。

二．ノミネート選出
獲得票数の多いタイトルよりノミネート選出。原則三タイトル（同票の場合は四タイトル）。

三．最終投票
全国すべての方が投票可能。一次投票と同じくネット投票のみ。ノミネート三作品をすべて読み、すべての作品にコメント（感想）付きで順位をつけ投票。一位＝６ｐｔ・二位＝３ｐ

t・三位＝1・5pt（・四位＝1pt）にて集計し、獲得点数の最も多い作品を神奈川本大賞に決定。第四回次は二〇一八年七月一三日～八月三一日。

四．大賞発表（二〇一八年九月一三日）

●**投票対象　下記二点の条件を満たす書籍**

〈a〉二〇一七年五月一日～二〇一八年四月三〇日までの一年間に、日本で刊行された書籍（日付は奥付に準拠）※文庫化、新装版なども投票対象に含みます。

〈b〉神奈川県出身または在住など、県にゆかりのある著者の書籍。もしくは内容に神奈川県が関係している書籍。

●**過去の受賞作品**

第一回　島田荘司『異邦の騎士　改訂完全版』講談社文庫

第二回　佐藤青南《せいなん》『白バイガール』実業之日本社文庫

第三回　椰月《やづき》美智子『明日の食卓』KADOKAWA

●**主催**

神奈川本大賞実行委員会

「福岡を本の街に」が合言葉のブックオカ、そして絵本大賞in九州

福川キャサリン（リブロ福岡天神店）

毎年テーマが変わる「激オシ文庫フェア」と特製文庫カバー

「福岡を本の街に」がスローガンのブックオカ（BOOKUOKA）は毎年秋に開催される本のフェスティバルです。たくさんの皆さんの支えによって二〇一八年で一三回目を迎えます。

私は福岡市生まれで大学卒業後、本屋さんで働き今年で約一五年。ネットやリアルでいろいろな人と知り合ううちに、ブックオカへ「書店フリペの世界展」という企画を持ちこみ、座談会に参加し、いつの間にか実行委員に名を連ねていました。たくさんの人を巻き込み、助けていただいてばかり。自分では決してノリがいい方とは思っていないのですが、お祭り好きと言

われる県民性を私も持っているのかもしれません。

実行委員は地元書店員、編集者、ライターなど本やメディアにかかわる仕事をしている人たちを中心に、本好きのボランティアの皆さんが集まり、夏ごろから準備（という名の飲み会）を始め、大小さまざまな企画運営を行っています。

ブックオカの中心は福岡市中央区の〝けやき通り〟で行われる「のきさき古本市」。その名のとおり美しいけやき並木の道に公募した「店主」の皆さんが段ボールやトランクに詰めた古本を持ち寄り、のきさきに並べ、販売します。

毎年約一万人近くの人がけやき通りに集まり、箱の中の古本をのぞき、真剣に品定めしたり、店主とおしゃべりしたりしながら本を買う、にぎやかな古本のフリーマーケットです。犬のお散歩がてら本をめくる人、こどもと一緒に絵本を開く人、掘り出し物はないか熱心に歩き回る人……陽がさすとまだ日焼けしそうな日もある一一月のはじめ、本との出会いを楽しむ様子を眺めるのは実行委員の楽しみのひとつです。

そして本屋で働く者としての大きなイベントは「福岡の書店員が選んだ激オシ文庫フェア」。毎年テーマを変え、テーマに沿った作品を選んで推薦文を書く。推薦文入りの特製の帯を作り、それぞれの店舗に合ったアイテム、冊数を発注してフェアを開催します。丸善の○○さんが選んだ本がリブロに並び、ＢＯＯＫＳあんとくの△△さんが選んだ本がブックスキューブリックに並ぶ……店舗の垣根を越えて選ばれた文庫がお揃いの帯で店頭に顔を揃えます。参加書店は約四〇～五〇店舗。なかなか他県では見ることがないフェアだと思います。

テーマはこれまで「いま、この古典がバリやばい。」（二〇一一年）、「私が売らなきゃ誰が売る！　五十年後も売りたい私の一冊」（二〇一四年）、そしてズバリ「欲望」（二〇一七年）など。福岡県内の書店員たちが飲んだり食べたりしながら、わいわいがやがやと騒ぎつつテーマを決めています。

ベストセラーや新刊ばかり並ぶ普段の平台とは違い、書店員が腕によりをかけて選んだ本が店頭に並びます。それぞれのお店でセレクトが違うのも楽しさの一つです。

自分が選ぶ時もとても楽しく、他の人が選んだ本を見て「あーこれっ！　やられたなぁ」と思ったり、熱がこもった推薦文を読んでいると、「これまだ読んでなかろ？」「ばり（すごく）おもしろいけん読んで！」という声が聞こえてくるようで、あれもこれも読みたくなってしまいます。

あら？　この本を選んだ書店員さんはどこのお店の人だろう？　なんて、その人が働くお店にも興味がわいてくるのも楽しいところ。

その「激オシ文庫フェア」と並び、フェア開催店を訪れるお客様が楽しみにしてくださっているのが「ブックオカ特製文庫カバー」。フェア期間中に文庫をお買い上げいただいたお客様にもれなく差し上げています。

これまでリリー・フランキーさん（二〇〇七年）、西原理恵子さん（二〇〇九年）、宇野亜《あ》喜良《きら》さん（二〇一〇年）……。開始当初から豪華なアーティストに依頼し、田中千智《ちさと》さん（二〇一四年）、野見山暁治《ぎょうじ》さん（二〇一五年）にも素敵なものを描いていただきました。絵以外では角田光代さんと田中慎弥さんの直筆の書き下ろしエッセイを原稿用紙ごと印刷した年も大好評でした（二〇一二年）。ありがたいことに県外のお客様から「ほしい」というお声をいただくことも。

イベントの一つ「書店員ナイトin福岡」も現場で働く書店員たちの関係づくりに一役買っています。もともとは関西の書店員の集まりから名前をお借りしたもの。作家さんや編集者、書店主などのゲストをお招きしてトークイベントを行い、懇親会でさらに語り合う。ほかの会社やお店の人と語り合うことで刺激をもらっています。最近は他県の書店員さんたちも遊びに来てくださって、どんどんつながりがひろがっています。

そして一二年目の二〇一七年、BOOKUOKA実行委員会は、第二五回福岡県文化賞をいただくことができました。予想外のことでとてもうれしかったです。たくさんの皆さまのおかげだと思っています。

児童書担当者が腕によりをかけて

地元発の試みはブックオカだけではありません。九州には「この本よかっ！　子どもの絵本大賞in九州」という児童書担当の書店員が選ぶ賞があります。

「絵本が好き」というメンバーが集まった時に自分たちのオリジナルフェアをしたい！　と盛り上がったことがきっかけ。毎年五〜六月が展開期間で、二〇一八年で一一回を数えます。現在の実行委員は四人。実行委員のおひとりに話をうかがいました。

これまでの大賞受賞作は、瀧村有子さんの『ちょっとだけ』（第一回）、いわいとしおさんの『100かいだてのいえ』（第二回）をはじめ、ヨシタケシンスケさんの『このあと どうしちゃおう』（第一〇回）など。

大賞受賞作を中心にベスト10を展開するフェアを行っており、投票に参加してくれている店舗は二次投票で五〇〜六〇店舗、フェア参加書店は約一四〇店舗。売れている絵本ばかりではなく、まだ知られていない名作を「発掘」したい気持ちもあり、ベスト10は児童書担当が腕によりをかけて選んだ作品たち。フェア商品にはオリジナルシールを貼って統一感を出しています。

オリジナルのポスターは大賞受賞の作家さんやベスト10内の作家さんに依頼して描いていただいていて、こころよくご協力いただいています。ポスターはフェア参加店でしか見られないのでぜひ店頭にてご覧ください。

こうした本の共同イベントを運営していていつも感じるのは横のつながりの強さ。一つのお店、一つの会社ではできないことも、お店や会社の壁を飛び越えて協力してやればこんなに楽しく大好きな本を売ることができる。たくさんの本を手に取ることが多い書店員ならではのおすすめを発信したり、トークイベントを通じて読者のみなさんと時間を共有できるってありがたいことです。

あれこれいろんなイベントを考えて実行するのは、お客様に本屋に来ていただきたいから。本との出会いのお手伝いをしたいから。拙《つたな》い文章ではありますが、福岡の本屋さんっておもしろそう！　と思って足を運んでいただけたらとてもうれしいです。

【ブックオカ概要】

●BOOKUOKAとは

二〇〇六年に始まり、それから毎年一〇月から一一月にかけて行われる本のお祭り。福岡市中央区のけやき通りで行われる青空古本市、「福岡の書店員が選んだ激オシ文庫フェア」、ブックオカ特製文庫カバーの製作（配布）、「書店員ナイトin福岡」を中心にトークイベントなども行っている。

メインイベントの古本市は例年来客数約一万人。文庫フェアは約五〇店舗が参加。文庫カバーはリリー・フランキーさんをはじめ、田中千智さん、野見山暁治さんなど毎年豪華メンバーに依頼。

二〇一五年に行った「車座トーク　本と本屋の未来を語ろう」の内容は、『本屋がなくなったら、困るじゃないか　11時間ぐびぐび会議』（西日本新聞社、二〇一六年）として発刊。

実行委員は地元書店員、編集者、ライターなど本やメディアにかかわる人、本好きのボランティアが集まり運営。

「会議」という名の飲み会をたびたび開き、本の話に熱くなったり、雑談を繰り広げたりしながら深夜まで話し込み、アイデアを出し合っている。

http://bookuoka.com/
https://twitter.com/bookuoka
https://www.facebook.com/bookuoka

全国各地には、本に関わるイベントがたくさんあります。ここでご紹介できるものは限られますが、各地の書店員の取り組みに触れていただき、あなた自身の住む地域を思い浮かべてみてください。

どこかで同じような取り組みをしている書店員がいるかもしれませんよ。本屋に行って聞いてみてください。きっと教えてくれるはずですから。

第四章

本屋が考える「読書」と「本との出会い」の楽しみ

「本」って何だろう？　「読書」って何だろう？

それに対する答えは、人の数ほどあるでしょう。でも、そういうと、「じゃあ、本屋さんはどう思うの？」という質問が飛んできそうです。

たしかに、長く本屋をやっていると、それについていろいろな考えが浮かんできます。僕だけでなく、多くの書店員がそうでしょう。

ここ数年、僕は岩手県内の中学校や高校からお声がけいただき、中高生と読書の楽しみ方をともに考える出前授業を積極的に行っています。子どもたちがどのように読書を考えているのかを知る意味でも大切な活動です。

この出前授業は、なにより、彼ら、彼女らこそが、本の未来にとってもっとも大切な、「これからの読者」なのだということを実感できる時間なのです。読書について、積極的な子もいれば消極的な子もいます。それぞれの生の声を聞くことができる貴重な時間でもあります。

この活動を通じ、読書とは何なのかをより深く考えることができました。読書とは、あくまでも個人的なものです。一〇〇人いたら一〇〇通りの読書があります。

しかし、僕たちは読書そのものから離れて暮らす時間が多くなっています。あらためて読書って何だろうという問いかけがなければ、本を読むこと、本と出会うこと、読書することについて考える時間を持たなくなってしまうのかもしれないと感じています。

この章では、一冊の本が持つ力について考え続けている書店員たちに、「本」と「読書」の楽しみについて、語ってもらおうと思う。まずは最初に、僕自身が最近考えたことについて、綴ってみたい。

「文庫X」現象に見る、読書の楽しさと意味

田口幹人

なぜ奇抜な売り方が、広がりを見せたのか

突然ですが、「文庫X」をご存じですか？

八一〇円という定価以外、著者名だけではなく、書名といった普通の本ならあるはずの情報を一切分からないようにした本が、二〇一六年七月二一日、さわや書店で展開されました。

僕が店長を務めていたさわや書店フェザン店の文庫担当・長江貴士が企画して展開をはじめ、半年の間に全国の六五〇店を超える書店に広がった謎の本で、中の本に対する想いのみを書いたカバーを巻いて、ビニールをかけ、「文庫X」と題して店頭に並べられました。

展開前、発行部数が三万部だったその本は、全国の本屋で展開されてからわずか半年間で、三〇万部に達し、多くの読者の手元に届き、中の本を公表した現在もなお、売れ続けています。

この「文庫X」現象は、二〇一六年一二月九日に開催された「文庫X開き」というイベントで、中の本が発表されるまで続きました。厳密に言うと、それ以降も大きな話題となったのですが。

「文庫X」現象については、発案者の長江が『書店員X「常識」に殺されない生き方』（中央公論新社・中公新書ラクレ）に、その企画に込めた真意をまとめています。さわや書店フェザン店という場と長江という書店員が、一冊の本を通じて動かしたものは何だったか。一地方の小さな店の書店員の想いと願いが、何を動かしたのか。興味のある方はぜひお読みください。

長江が『書店員X「常識」に殺されない生き方』の中で「文庫X」現象の肝としているのが、常識と先入観から逸脱することの意味でした。「文庫X」の広がりを支えたものとして、おそらくその問いかけは正しいのでしょう。

一方で、この現象を間近で見てきた者として、僕はまた別の角度から「文庫X」の広がりの意味を考えていました。その考えを書きながら、「文庫X」現象を振りかえってみたいと思います。

「文庫X」の中の本は、清水潔さんの『殺人犯はそこにいる』（新潮文庫）という作品でした。この作品は、群馬県と栃木県の県境を挟んだ半径約一〇キロメートルという狭いエリアで発生した、五人の少女が誘拐され殺害された北関東連続幼女誘拐殺人事件を取材したノンフィクションです。

著者は独自取材によって、この事件の被疑者となった男性の無実を明らかにし、真犯人だと確信が持てる人物に辿りつきました。「冤罪事件」と野放しにされている「真犯人」を描くことで炙《あぶ》りだされたのは、警察組織と司法の闇でした。

『殺人犯はそこにいる』は、過去の話ではなく、今を生きる私たちが知っておくべき社会の病理や矛盾を教えてくれる作品ではないでしょうか。

「文庫X」現象が、六五〇店を超える本屋のみなさんを巻き込むことができた要因は、本当は表紙を隠して販売したという奇抜な売り方ではありません。

それはあくまできっかけであって、「文庫X」現象の本質ではないでしょう。『殺人犯はそこにいる』という本の力があってこそ、成立したのです。全国の六五〇店という数字が多いのか少ないのかと聞かれたら、おそらく少ないのだろうと思います。全国の本屋のわずか五パーセントにすぎないのですから。

奇抜な売り方は、自店での展開をためらわせた大きな理由の一つでしょう。また、この販売方法を実施した後のお客様の問い合わせに、どこまで対応するのか悩み、展開を見合わせた書店員もたくさんいたと聞いています。それに、この販売方法に否定的な意見を持った書店員もたくさんいたことでしょう。

いずれも正しいのだと、僕は思っています。表紙を隠し、本の情報を隠して販売する手法は、「文庫X」が初めてではありません。以前から、いろいろな本屋が試みていました。

それは、その店を利用するお客さまとの信頼関係があるからこそ成立する企画なのです。ここだったら騙されてもいいか。そういう気持ちがなければ、その本を手にすることはありません。

日常の中で、その繋がりがあることが前提となっているために、他店の企画を横滑りさせて展開しても、一過性の話題づくりにはなっても、その後の信頼関係にひびが入る恐れもあります。

カバーで隠した本が、自店のセレクトであれば、その店のお客さまにも説明が付きますが、それを担保できない以上、展開しないという判断も必要だと思っていました。実際、苦情があり展開を途中でやめた本屋が何軒かあったと聞いています。

もっとも、企画者の長江は、「文庫X」を他店に積極的に広めることに興味がありませんでした。さわや書店フェザン店のお客さまが喜んでくれたらそれでいいと。

僕もそれは同じ思いでした。しかし、新しいカバーをかけられ「文庫X」として展開されたその本が、『殺人犯はそこにいる』だったことが、仲間の書店員に声をかける動機となりました。

当初、全国の数店舗の友人にだけ声をかけました。『殺人犯はそこにいる』を「文庫X」として展開していることと、その売り方の功罪も含めて。

その友人たちは、『殺人犯はそこにいる』を単行本刊行時から読んでいて、一冊でも多く販売することで、そこに書かれた事件を風化させまいとしていました。

中の本への思い入れなくして成立しないこの販売方法が、あそこまで広がりを見せたのは、最初に展開してくださった数店舗の本屋のみなさんの決断によるところが大きいのです。

読者には「本とはこういうものだ」というイメージがあるのではないでしょうか。装丁が施されたカバーがあり、著者が分かり、タイトルが見え、内容の要約とおすすめのコメントが記載された帯がかけられ、店頭に並んでいる……。

その先入観を裏切ることで、手にとってもらう手法。それが「文庫X」です。本屋の側もお客さま（読者）も、その非日常を楽しんだ企画でもあったのでしょう。

次に読む本を選ぶとき、みなさんはどのようにして、その本を選びますか。今まで自分が読んできた本、つまり読書歴の流れの中で選ぶ方が多いでしょう。好きなジャンル、好きな作家、自身の趣味が反映された本、仕事関係の本などがあるでしょう。

それは、自分の今まで辿ってきた人生と重なり、自分の歴史をつくってきた本とも言えますよね。それをもとにした選書を、「自分の頭の中の文脈で本を選ぶ」と呼ぶことにしましょう。

それに対し、「文庫X」は、普通だったら出会うはずのない本にめぐり会うきっかけをつくることができたと考えることもできます。

これまで培ってきた「自分の頭の中の文脈」に割り込んだ「文庫X」は、その読者の中に新しい文脈を生み出したのかもしれません。

それが、次にどのような本へと繋がっていくのか。そう思うと、三〇万部売れたという数字以上に、意味のある取り組みだったのではないでしょうか。

僕は、長江の言う常識と先入観の他に、当事者意識というものが今回の企画のもう一つの肝だったのではないかと考えています。

読者は、「文庫X」と書かれたカバーを外し、中の本『殺人犯はそこにいる』と対面したとき、じつはすでに、北関東連続幼女誘拐殺人事件の当事者となっているのです。

記憶の片隅に追いやられていた、テレビや新聞などで目にした事件の記憶が、「文庫X」のカバーを外した瞬間によみがえってきたという人も多かったかもしれません。あの事件の本質はどこにあったのかを、本書を読んで気づいた方もいらっしゃるかもしれません。そして、何かしなければ、という気持ちと、何もできないジレンマを抱えた人も。

「文庫X」現象でもっとも大きな役割を果たしてくださったのは、読者のみなさんでした。僕たちは一度も、中の本を明かさないでください、とお願いしたことはありません。しかし「文庫X」を買い、中の本を読んだ読者は、それが『殺人犯はそこにいる』であることを伏せ続けてくださいました。

これだけSNSが普及している時代に、ごく一部を除いて、情報が漏れることがなかったのです。『殺人犯はそこにいる』を読み、何かしなければ、という気持ちと、何もできないジレンマを抱えた人たちは、当事者として書名を秘密にすることで、「文庫X」の広がりを支えてくださったのです。これをきっかけとして、何かが動いてくれればいいな、と願いながら。

事件は解決してはいませんが、結果として、再び多くのメディアに取り上げられることになりました。風化を、ほんの一瞬だけでも遅らせることになったのではないでしょうか。

ＰＯＰは何のためにあるのか

ここでちょっとだけ、脱線させてください。

一冊の本を、より輝かせる言葉はなにか！　僕はそれを探すために、本を読んでいます。本を買っていただくことが本屋の仕事です。より正確に言うと、偶然に「あっ、この本読んでみたいな」という本に出会ってもらうことといえるかもしれません。

本屋の店頭で、担当者のコメントがびっしりと書かれたＰＯＰのついた本を目にすることがあると思います。ＰＯＰは、その店の判断でつけられています。お客さまの中には、ＰＯＰがついていることを嫌う方も多いかもしれません。過剰についていると、下品に見えることもあるでしょう。

それでも、さわや書店フェザン店の店頭の本には、過剰なほどＰＯＰをつけています。このお店は三つの超大型店に囲まれていて、小規模店でできることを模索し続けてきたら、ここに行き着きました。

とはいっても、店内には、ＰＯＰを一切つけない売場もあります。お客さまが、自分の文脈で本を探す際、ＰＯＰが邪魔をしないようにしたいからです。

けれども、自分の文脈で本を選べる人がいる一方で、何を読もうかと本を探しに本屋に来る人も多い。それが、さわや書店フェザン店のコンセプトを考えるうえでのヒントとなりました。超大型の三店舗に囲まれたさわや書店フェザン店は、在庫量では絶対的に勝ち目はありません。全国的なデータを基に組まれた棚と圧倒的な在庫量に、物理的に太刀打ちできるはずがないからです。

それでも足を運んでもらうために何ができるのかを考え抜き、辿りついたのが「探している本がなくても、帰りに二、三冊、手にとっている店づくり」というコンセプトでした。

本との予期せぬ出会い。それが僕らの目指すところです。

駅ビルにあるこの店は、お客さまの性別・年齢層も幅広く、それだけにいろいろな本をおすすめしていて、その結果、店内にはPOPが乱立しています。しかも頻繁に入れ替わります。まあ、見る人が見たら、下品な店なのかも知れません。しかしそれもまた、さわや書店フェザン店という場の特徴ではないでしょうか。

わざわざPOPだけを読みに来店されるお客さまも、たくさんいらっしゃいます。お客さまとのコミュニケーションツールとしての機能も果たしている気がしています。

POPは、書いた書店員の個人的なものではありません。また、その書店員の自己満足のために書かれたわけでもありません。今まで店に立ち寄ってくださったお客さまと、これからご来店されるであろうお客さまを想像し、文章を書いています。

「一冊の本を、より輝かせる言葉はなにか！」に尽きるのです。だから、誰かの自己満足のために、さらには出版社や著者のために書かれたＰＯＰは、効果が薄いです。当たり前ですよね。

これから本屋に立ち寄る際には、ぜひ書店員が書いたＰＯＰを読んでみてください。さらには、その書店員が今までどんな本をすすめてきたかも見てください。本を通じて友達になれる書店員もいるかもしれませんし、まったく趣味が合わない書店員もいるかもしれません。

しかし、一冊の本をすすめようと思い、ＰＯＰを書く書店員には、意志があります。ＰＯＰを書くことで、敬遠される可能性があることを考えると、ＰＯＰをつけないという選択肢もあるからです。それでも手にとってほしい、読んでほしいという想いの強さが勝るからこそ、ＰＯＰをつけるのです。

書店員は、発売された本すべてを読んでいるわけではありません。書評家のように、体系立てて本を読んできた人も少ないでしょう。言い換えれば、お客さま側に近い存在です。だからこそ、ＰＯＰに書かれてある言葉を、本選びの一つの選択肢として使ってほしいのです。

信じて読んで失敗だった、と感じることもあるでしょう。いや、もしかしたらそう感じることの方が多いかもしれませんよね。だからこそ、ＰＯＰをつけるのは難しいのです。どの本に、どのような言葉を添えて店頭に並べるか。僕はいまでも、真剣に悩みに悩んでＰＯＰを書いています。

ＰＯＰについて書きましたが、本当は、本は自分で選択して読んだ方がいいと思います。与えられた本、すすめられた本を読むこともあるかもしれませんが、もっとも大切なのは、自分で選んで読むことではないでしょうか。

与えられた本、すすめられた本がいけないのではありません。自分の頭の中の文脈にはない情報や知識や感情を得られるという意味においては、とても大切なことだと思います。

きっとPOPや帯などの販促物、書評などに裏切られたこと、すすめられたのに面白くなかったという経験をされた方も多くいらっしゃるでしょう。僕もよくあります。そんな時は、おすすめした人や本屋や媒体が、自分の感性と合わないのかもしれない、と考えるようにしています。その積み重ねが、本を選ぶ力になっていくのだと思っているからです。

本は、読む前の選ぶ過程が大切なのだと思います。すべての本を読むことは不可能ですし、歳を経るにつれて、未知への好奇心はうすれていきます。家庭環境や職場環境、そして自身の知識や興味の世界を生きるだけで精いっぱい、という方もいらっしゃるでしょう。それでも、本を読むことは、その自分の環境や知識や興味に、新しい何かを上書きしてくれるかも知れません。

自分の文脈以外の本との出会い。その場としての本屋について書いてきましたが、それは、本屋で本を買う、買わないにかかわらず言えることではないでしょうか。

様々な理由で買いたいけど買えない人も多いでしょう。読んだ本の蓄積より、読みたいと思える本との出会いの蓄積のほうが、読書欲を掻き立てるのではないでしょうか。だからこそ、店頭でPOPを読み、読みたいと思える本を蓄積してもらう。それが未来の一冊に繋がるのだと僕は考えています。

現在は昔に比べ、本と出会える場が増えました。図書館、ネット空間、新聞、雑誌、テレビやラジオ。本屋以外の様々な場で本との出会いがあります。

毎日一店ずつ日本のどこかで、まちから本屋が姿を消している現状においても、やはり僕は読みたいと思える本の蓄積の場が、さらには選ぶ力を養う場が、本屋であればいいと願っています。

「文庫X」現象

話を「文庫X」に戻しましょう。

「文庫X」は、八一〇円という情報以外、すべて隠して販売しました。もちろん、著者や出版社なども隠しました。

だから、「文庫X」として発売していた間、発行元である新潮社さんは広告を出すことも、他の書店に営業をすることさえもできませんでした。

それでも多くのメディアに取り上げていただけたのは、この本のユニークで奇抜な売り方が注目されたからです。僕たちにとって、それは不本意なことでもありました。取材をしていただけたことには感謝していたのですが、伝えたいことがうまく伝わらないジレンマを抱えていました。

取材の際には必ず『殺人犯はそこにいる』に書かれている重要な要素を伝えましたが、どのメディアの報道もほぼ、クローズアップしたのは売り方。地方の小さな本屋がメディアに取り上げられるには、何か変わったことをしないといけないので、当然と言えば当然なのですが。それでも真意が伝わらなかった悔しさがありました。

最後に開催した「文庫X」開きは、そんな想いを伝えるイベントにすることができました。著者の清水潔さんは、居並ぶ取材陣を前にして問いかけました。

「みなさんが伝えているものは、〝真実〟ですか？　〝事実〟ですか？」

『殺人犯はそこにいる』で、清水さんが伝えようとした重要なメッセージは、〝真実〟と〝事実〟を見抜く力の欠如、それに対する警鐘にあるのだという僕たちの考えを、その場で明確にお話ししてくださったのです。

もちろん、作品が浮き彫りにする不条理を知ることの重要性が、先にあります。

情報を得る手段として、新聞やテレビ、ラジオ、インターネットなどがあり、情報は飽和状態だと思えるほど、巷《ちまた》に溢れています。

しかし、僕たちはその報道された事柄が事実を伝えているのか、疑う手段を持っていますか？

一般的に、

事実＝現実に起きたこと／本当にあったことがら

真実＝嘘のないこと／いつわりのないこと／主観を伴うことから、一致する一つの場合もあれば、人それぞれに複数存在する場合もある

と解釈されています。

「事実」と「真実」の二つの言葉の違い。この違いは非常に大きいものではないでしょうか。「真実」というものは「それを目にした人が、見たいと思う現実を見ているもの」であって、あくまでも「その人にとってだけ、本当のこととして見えるもの」と言えます。

ということは、主体的に発する人の価値観と切り離すことはできないのです。だから「真実」は一つではなく、発する人の数だけあります。けれども「事実」は一つなのです。

雑誌・新聞・テレビ・ラジオ・インターネットから受け取る情報は、その出来事を見た人や直面した人の目を通して見えた、または見たい現実を伝えるものであって、それが「事実」であるかどうかは、客観的に考えて判断しなければいけませんよね。

正反対の立場にある人たちが、ある一つの「事実」を見たとしましょう。しかしそれぞれ

が、まったく違う「真実」を語るという場に出遭ったことがありませんか。

その人の主観をどのように汲み取るか。そこから、どのようにして「事実」を見つけるのか。情報過多の中で暮らす僕たちが、もっとも大切にしなければならないのは、「真実」と「事実」の違いを認識して、それを見極める目を持ち、さらに自分の考えに落とし込むことではないでしょうか。

携帯電話・スマートフォン・パソコンなどを使う人の若年化が進んでいます。現在、中学生の約六〇%が携帯電話を持っていて、その約半数が中学一年生で持つのだそうです。

中学生、早ければ小学生が、手の平の上で自由に距離を飛び越え、いろいろな国や地域の人たちと繫がることができる。少し前までなら考えられないことが、今では当たり前になっています。

そこに潜んでいる危険について、どこまで教えられてからネットの社会に入りこむのでしょうか。悪いサイトがたくさんあるよとか、知らない人と連絡先を交換しないようにとか、その程度じゃないでしょうか。たしかに悪いサイトもたくさんあります。しかし、そんなのは大人になればみんなカラクリが分かりますし、いつでも学べるようになるでしょう。

まだ中学生という年代でネット社会を生きる世代には、もっと知っておくべきものがあるのではないでしょうか。

そこに、僕は読書との関係性を見出せると思っています。

インターネットは、スピードのメディアです。世界中の情報を瞬時に得ることができ、いま地球の裏側で起こっている出来事を、ほぼ時間差なく知ることができます。世界中の誰かが常に情報を発信し続けていますので、情報量はとんでもなく膨大です。調べたいキーワードを入力すると、大体のことは見つけることができます。

しかし、その情報が「事実」を伝えているのか、疑う手段を持っていますか？

情報社会の中で暮らす僕たちが、大切にしなければいけないこと。それは、「真実」と「事実」の違いを見極める眼を持つことではないでしょうか。

それを若いうちに養うためにも、若者は読書をした方がいいと僕は思っています。単に、読解力や語彙《ごい》力を身につけるためではなく。

「読書」って何だろう？

読書は、真実と事実を見極める眼を養うためだけのものではありません。

それについて話を進める前に、そもそも本とは何だろうかということをみなさんと一緒に考えてみたいと思います。

ちょっとした頭の体操だと思って、「本」にまつわる言葉と言いますか、「本」という漢字が入る熟語を頭の中に思い浮かべてみてください。例えば、

本意　本来の望み／本当の考え
本家　おおもととなる家
本格　省略などをしない正当なやり方
本質　物事に備わる本来の性質
本性　その人の本来の性質
本心　本当の気持ち
本題　話の中心となる事柄
本当　空想や理論上のことではないこと
本音　本当の気持ち
本場　物や製品の元々の産地
本望　望みを達して満ち足りること
本物　偽物ではない、まさにそのもの
本来　以前から変わりなく、その状態であるさま
本流　中心をなす系統や流派
見本　具体的な例／手本

などなど、挙げ始めたらきりがないほどあります。

これらの熟語とその意味を見ると、いかに日本人にとって「本」という字が生活の中にあったのかということがわかりますよね。

本来、「本」という漢字は、物事の基本（もと）にあたるという意味から転じて書物を指すようになったと言われています。

それでは、もう少し、頭の体操を続けてみましょう。「もと」という漢字を思い浮かべてみてください。

「元」「基」「下」「素」「故」「本」などを思い浮かべる方が多いのではないでしょうか。それぞれの漢字の意味を考えてみましょう。

「元」＝物事の始め／最初の方
元日　元祖　元来　元気　元カノ　元カレ

「基」＝助けとして用いる部分／物事を成り立たせる土台
基礎　基金　基盤　基準　基因　基地

「下」＝上に広がっているものに隠れている部分／影響の及ぶ範囲

臣下　下流　以下　目下

「素」＝物事を成り立たせるもと／根本になるもの
素因　素地　素粒子　元素　色素　要素

「故」＝昔の／以前の事柄／古くからのなじみ
故事　温故　故実　故郷　故旧

「本」＝物事の大切な部分

同じ「もと」でも、このように使い分けられています。

漢字の意味から考えても、漢字が成立した大昔から「本」という存在がいかに大事にされてきたのかが分かりますよね。

本を読まない人が増えるということは、物事の大切な部分に触れることなく生活する人が増えることになる、と考えることはできませんか。逆の見方をすれば、「本」を読むことは、物事の大事な部分に触れることなのだと。

「本」を読むこと、いわゆる読書の意味が、ちょっとだけ見えてきた気がしませんか？

ここからは、書店員が本屋の店頭に立ちながら考えた、子どもの頃に本を読むことの大切さとそれがもたらす豊かさについて、または一冊の本から感じてもらう読書の楽しさについて、さらには本と本屋の向こう側に広がる世界の広さについて、綴ってもらいました。

僕が本屋として働きはじめてから、先輩たちに多くのことを教えていただきました。第一書店という本屋に勤めていたにもかかわらず、もっとも影響を受けたのが、道路を挟んで対峙していた伊藤清彦氏をはじめとしたさわや書店のスタッフたちでした。会社の垣根を越え、本を売るためにできることを教えてくれたのも彼らでした。

かつてさわや書店では、コミックと児童書の専門店である「MOMO」という店舗がありました。そこで店長として働き、その後ジュンク堂書店盛岡店に移り、書店員として働き続けた岩橋淳さんに、読書体験の始まりについて綴っていただきました。

岩橋さんは、書店に勤務しながら、長い間、岩手日報の「青春広場」紙面において、本を紹介するコーナーを担当することで、若い人たちと本との繋がりをつくり続ける活動をしてきた方です。勤める書店は違えど、岩橋さんの紹介する本に対する問合せも多く、何よりもその紹介する本の筋がすばらしく、紙面を読みながらたくさんのことを教えてもらいました。

幼少期に本を読むこと、そしてお父さんと絵本

岩橋　淳（ジュンク堂書店盛岡店）

本当の意味での「読書」の始まり

本との出逢いは、そのほとんどが親や幼稚園の先生などから読んでもらったことから始まるのではないでしょうか。その時の本そのものの印象か、あるいは、読んでもらったという体験に想いが残るのか。幼児期に本が好きになるきっかけは、このふたつが大きいのではないかと思います。

言い換えれば、かれらの日常を取り巻く環境づくりも、おとなの責任として重要なものとなるのです。

本に興味を持ち始めたこどもたちには、旺盛な好奇心と想像力、場合によって創作意欲の芽が生まれようとします。周囲のおとなたちは、その芽を摘んでしまうことなく、伸ばし育てる

サポートに廻らなくてはなりません。また、本からしつけや教訓をじかに導き出そうというのは短絡的。マンガやアニメを目の敵にするのも同様です。

はじめ「与えられる」ものであった本が、さきの過程を経てこどもたち自身の感覚で選ばれるようになった時、そこから本当の意味での「読書」が始まるのではないでしょうか。

よく、店頭で「オススメの本はありませんか?」「今ウレテイル本はどれですか?」というお尋ねをいただきますが、それは最初のキッカケとしてはともかく、ベスト・アンサーであるとは限りません。

我が子が今、どんな事に興味を持っているのかは、百人百様。さらに、作品の巧拙とは別に、読者の感性にフィットするかどうか。それらを含めた邂逅《かいこう》が想像力や思考力、判断力を育み、生涯の友となる機会を得るチャンスが「本を読む」という行為に秘められているのです。

自身の体験で言うならば、幼稚園教諭の経験を持つ母から絵本を読んでもらっていた幼少期、グリムやアンデルセンの童話、昔話などに囲まれて過ごしました(お気に入りは『ガリバー旅行記』『三びきのこぶた』)。そして「多感」な中学時代には太宰治『斜陽』、芥川龍之介『或阿呆の一生』、三島由紀夫『仮面の告白』……。

かれらを入口に、「文学の森」へと足を踏み入れることとなります。また、同時期に友人を介して出会ったのが、司馬遼太郎『燃えよ剣』。主人公・土方歳三と「同郷」(多摩地方)であったことが、中学高校を過ごした名古屋時代、「異文化」に馴染めずにいた自分への励みとなり、やがて司馬作品の虜《とりこ》となって、歴史への興味を呼び覚まされました。

こうして芽生えた読書への関心は、本、やがて書店への興味へとつながり、電車通学の帰途、途中下車をしては大小の書店を覗き、各店での選書や分類、配列を見較べては愉しむという奇妙な趣味に取りつかれました。

新聞社から連載企画を依頼され……

高校を卒業、上京（帰郷）して選んだアルバイトは、もちろん書店。しかし、かつての転校生生活が染みついてしまったものか、合わせて一一社、一五の店舗を渡り歩くこととなります。結果、三十余年をかけて、さまざまな立地や規模の書店で多くの本、スタッフの先輩や仲間たち、出版元や作者の方々、そして大勢のお客様と出逢い、多くのことを教わりました。本についてのさまざまな考え方、扱い方を実見できたことは、大きな財産となりました。

中でも、盛岡に転居し着任早々任されたのは、「商売」としては難しいとされていた児童書をメインにした店。こどもたちと本との出逢いの演出は、やりがいと同時に、いかに採算をとるか、そしてかれらの人生を左右しかねない責任への思いなど、試練と勉強の日々でした。

さらに、ジャンル、シリーズなど多岐にわたる作品群に、どのように光を当てるか。幸いにも、スタッフの奮闘とお客様に恵まれ、硬軟数々の本を手にしていただけるまでになりました。

そんな中、地元新聞社から本の紹介の連載企画を依頼され、どんな切り口で選書しようかと考えたとき、児童書を任されて途方に暮れた、かつての記憶が呼び覚まされました。

我が子と触れあいたい。でも、どうすれば？　との思いを抱えたお父さんが、少なからずいるはずだ……。

そして始めたのは父親向け絵本の紹介。お父さんたちが抵抗なく読め、語りやすそうなテーマ、こどもたちと共に楽しめる作品。一九九四年スタートの第一回は、当時新進気鋭の作家・中川ひろたか、長谷川義史作『スモウマン』。続いて、飯野和好『ねぎぼうずのあさたろう』、みやにしたつや『おとうさんはウルトラマン』……。

この企画は足掛け八年、三八六の作品を紹介することになります（並行して同年より岩手日報紙上で中学・高校生向けの連載を続けています）。それでも、作者の思いのこもった、何千何万もの作品に等しく光を当てるには及ぶべくもありません。

若者の本離れ、メディアの電子化など、その危機が囁《ささや》かれて久しい出版業界。かつて在籍した児童書専門店も、今はありません。それでも、地道に、使命感をもって奮闘する、作家・出版・書店の方々。そしてそれを支えてくださる読者の皆さんに、心よりエールと感謝の気持ちを贈らせていただきます。

本書を編むにあたり、本をコミュニティの中心に据えることを柱としている本屋さんに、その秘訣と想いを書いてほしいと考えたとき、真っ先に浮かんだお店が名古屋市にある七五《しちご》書店さんでした。じつは、店長の熊谷隆章さんには、名古屋で本の周辺にいる人たちが集い、緩やかに連携しながら本の業界を盛り上げようとしているグループについての寄稿をお願いするつもりだったのですが、ぜひに、と無理を言ってこの章に寄稿していただきました。

熊谷さんとは、ＳＮＳを通じて知り合いました。その後、ＳＮＳ上で交流する中で、本との向き合い方や、本屋としての考えに共感することが多く、真っ直ぐに本と向き合う熊谷さんの本に対する愛情に、嫉妬したりしていました。実際にお店にうかがった時に感じたのは、一冊一冊が、そのまちの暮らしと日常の延長線上に、存在する意味を与えられながら棚に収められているということ。うらやましさと悔しさを胸に、名古屋を後にしたことを覚えています。

二〇一二年からはじまった「ナツヨム」という文庫フェアがあります。ナツヨムとは、書店員や出版社、取次会社、印刷会社など出版業界に関わる五〇人が選書し、手づくりのオリジナル帯をまいて展開する夏の文庫フェアで、全国の有志が書店の系列を超えて取り組み、全国各地の店頭をにぎわせています。回を重ね今年で七年目となる「ナツヨム」も、熊谷さんの支えがなければここまでの広がりとなっていなかったかもしれません。

そんな熊谷さんに、一冊の本を届けるためにできることについて寄稿していただきました。

一冊の本を届けるためにできること

熊谷隆章（七五書店）

多様な本への入口をどう作り、見せていくか

私が七五書店で働きはじめて、二〇年が経ちました。

元々は、大学生になりアルバイトをする必要に迫られて、「本が好き」であること以上に「通いやすいから」という理由で選んだ仕事でした。それを同じ場所で二〇年以上続けてこられたのは、幸運であり幸福だったといえるでしょう。

アルバイトとして約一〇年、社員となってさらに約一〇年。できることも、やりたいことも、やらなければならないことも山ほどあり、終わりがありません。

本屋のさまざまな業務のなかで、私はレジがいちばん好きです。時間をかけて新刊をチェックしたり、売場を作ったり、フェアの企画を立てたりするのもたのしいですが、すべてはレジ

でお客さまに本を手渡す瞬間のためのもの。

店内にある本は、自分で選んで仕入れたものも取次から見計らい（ある一定の約束事のうえで自動的に送られてくること）で送られてきたものも、最終的には「この店に置く」と決めたものばかりですから、どの本が売れてもうれしいですし、次につながります。

最近ではセルフレジの導入もいろいろなところで進んできていますが、それぞれの事情を察しつつも、こんなにおもしろい仕事を機械まかせにはできない、とつい思ってしまいます。

当店の什器《じゅうき》は背が低めで、レジから店内のほぼすべてが見渡せます。二〇年間、たくさんの本とお客さまの出入りを眺めてきました。小銭を握りしめて漫画雑誌を買いに来ていたような子供たちが、成長してリクルートスーツ姿で立ち寄るようになったのを見かけたり、アルバイトとして一緒に働くことになったりすると、長く続けてきたことを強く実感します。

そもそも、当店は私が通っていた中学校のすぐそばにあり、そのころからなじみ深い店でした。幼少時から暮らしている地元の店としての愛着を、強く持っています。

ただ、全国的に本屋の数は減り続けており、当店のまわりも例外ではありません。それでも、地下鉄の最寄駅近辺には当店も含めて五つの本屋がまだ営業しています。

そんなエリアのなかの本屋のひとつとして、多様な本への入口をどう作り、見せていくか、ということを常に考えています。

当店は約三〇年前に、雑誌・書籍専門店として七五坪でオープンしました。二〇一一年に改装し、珈琲豆販売&喫茶の店を併設したことで、本の売場はそれまでの三分の二になり、品揃えに対する意識はより強くなりました。限られたスペースに何を置き、どう売るか。

といっても、私は思わず本を手に取りたくなるようなあざやかなPOPが描けるわけでもなく、固定観念や常識にとらわれない思い切った企画をひらめく柔軟さがあるわけでもありません。

そのため私は、基本と思うことをいくつか決め、それを徹底することを意識しています。

ムック本やコミック、文庫、新書、その他各ジャンルの単行本、日々更新されるそれぞれの新刊情報を吟味して、時には具体的なお客さまの顔を思い浮かべて発注します。

新聞・雑誌やネットでの書評、メディアで紹介された本の情報などもできるだけチェック。注目度の高いニュースがあれば、関連しそうな本を調べてリストアップし、必要に応じてコーナー化、あるいは売場作りの参考にします。

そうして選んだ本が入荷したら、それを求めるお客さまの眼に少しでも留まりやすくなるように陳列します。見やすく、手に取りやすく、戻しやすい、が最低ラインです。

そうしたことの積み重ねで、現在の売場ができています。

まだまだやれる

ただしそれは、あくまで現在でしかありません。本は次々と新しいものが入ってきますし、細かい工夫を試みて売場がよくなることもあれば不便になることもあります。そもそも、基本の徹底も容易なことではありません。試行錯誤の連続で、思うようにいかないことは毎日あります。それでも、レジでいろいろな本がお客さまの手に渡っていくのを見ていると、まだまだやれる、と思えてきます。

私は、一冊一冊の本が持つポテンシャルをまだまだ引き出し切れていないと感じています。本の並びひとつ、売場の表示ひとつとっても、もっと他にいいやりかたがあるんじゃないかと、いつも考えています。

できることはすべてやったと思えるまで、本に全力を尽くしたい。

その気持ちをいつも変わらずに持っています。

大学生のとき、本屋でのアルバイトと大学での勉強で、私にとっての本の世界は大きく広がりました。ひとつの本からつながる別の本、さらにつながる別の本、という読書で知識や体験の深みにはまっていく面白さを、このとき知りました。

本屋に行きたくなるきっかけ。目的の本のついでにもうひとつ手に取りたくなる、あるいはまた来たくなる仕掛け。

人と本を結ぶご縁は、ちょっとしたことでもっとたくさん生まれるはずなのです。

二〇年歩いてきた道が指し示す方向を、これからも丁寧に歩いていけたらと思います。

書店業界で、ミステリといえば？　と聞いたとき、多くの人がこの方の名前を挙げるでしょう。続いては、その方に「一冊からはじまる読書への誘い」について寄稿して頂きました。

千葉県船橋市の船橋駅前に、ときわ書房本店というミステリ好き・エンタメ小説好きにはたまらない本屋があります。ときわ書房に勤務し、文芸書と文庫を担当している宇田川拓也さんは、様々な本の解説や帯コメントなどを通じ、多くの作品を応援し続けている書店員です。書評家としてしっかりと本を体系立てて評することができる数少ない書店員でもあります。

その裏づけとなるのは、圧倒的な読書量です。エンタメ小説、特にミステリというジャンルにこだわり、読み込んできた蓄積が違うのです。しかし、読んだ量だけではない何かが宇田川さんにはあるのです。

ときわ書房本店に行くと、その何かが分かります。

それは、「本を読んでほしいという熱量」の高さだろうと思います。圧倒的な読書量が支える店の力強さがときわ書房本店にはあるのです。本屋として本を売ることにこだわるということは、本を知ることであり、その本の良さを誰よりも理解しようとする宇田川さんの姿に、いつも励まされています。

退屈だな、今日はいいことなかったな。そんな気分の時には、僕はおそらくときわ書房本店に行くと思います。きっとそこには何かがある、そう思わせてくれる本屋だからです。

すべては「一冊からはじまる読書への誘い」のために

宇田川拓也（ときわ書房本店）

「ミステリ」への恩返し

たった数百円の文庫で人生が変わる。

一階と二階をあわせても八〇坪に満たない街の本屋に勤めて一八年、なぜこの仕事を選んだのかを改めて考えてみると、高校生の頃に身をもってそれを経験したことがもっとも大きい。

紙幅がないので詳細は省くが、それまで水族館で働くことを夢見て海洋学を専攻する道を考えていたはずが、新潮文庫版の宮沢賢治『銀河鉄道の夜』に心打たれ、より深く識《し》りたいがために迷いなく進路を変えてしまった——といえば、十代にしてはなかなか劇的な〝人生が変わる〟経験だったとご理解いただけるだろうか。

ところが、ひとりでも多くの方に、かつての自分と同じような得がたい経験をしていただけたら——という本屋の店員のささやかな願いも、もはや売り場を耕し、整えることだけに力を注いでいては、ただの妄想で終わってしまう時代になってしまった。

わざわざ本屋に足を運んでもらい、〝たった数百円の文庫〟に触れてもらう——いうなれば「一冊からはじまる読書への誘い」も容易なことではない。売り場の外側に向けても提案を拡げ、思わず売り場に足を運びたくなるように興味を惹き続けなければ、「本屋」という商いは成り立たなくなってきた。

さて、私には一〇年以上、自身の仕事のなかで一義に考えていることがある。それは「ミステリ」と称されるジャンルの作品をとくに売り伸ばすことだ。

やはり紙幅の都合で詳細は省くが、一〇代の頃から現在まで、私は幾度となくミステリを読むことで助けられ、救われてきた。ゆえに「使命」などというと大げさかもしれないが、一冊でも多くのミステリを世のひとびとに届け、その面白さに触れてもらう機会を提供し続けるのは、そのジャンルに対するひとつの恩返しだと考えている。私の作ってきた売り場が、街の本屋にしては妙にミステリに偏った品揃えなのも、また本屋の仕事と並行してレビューや解説、新人賞の一次選考を務め、店の広告塔のようなことをしているのも、そのためである。

とはいえ、そうしたすべてを私ひとりで考案、実践し、店の特色のひとつにしようとしたわけではない。

一番のきっかけは、私が入社二年目に、かつて神楽坂下でミステリを専門的に扱う草分け的書店「ＢＯＯＫＳ ＳＡＫＡＩ深夜プラス１」を立ち上げた文芸評論家・茶木《ちゃき》則雄氏が直属の上司となったことにある。それまで誰も教えてくれなかった、正しい平積み、棚の鮮度の保ち方、配本数に左右されない売り場作りといった本屋の店員の基礎中の基礎から、たとえ配本ランクが低くても初回入荷数を確保する裏ワザ的なことまでじつに多くのことを教わったものである。

じつは原稿仕事や新人賞の選考といったものは、その〝裏ワザ〟を使いに使い倒してきた結果もたらされた偶然の産物だ。よく勘違いされがちなので、この機会に書いてしまうが、私はこれまで文芸評論家やライターを志したことは一度もない。

根幹にあることは変わらない

時代は、さらに変わりつつある。本屋の店員がテレビやラジオに登場して本を薦めることも、仕事論や業界展望的な内容はもちろん軽妙なエッセイまで、書籍を上梓《じょうし》することもさほど珍しくはなくなった。私のような立ち振る舞いもひと昔前までは珍しがられたものだが、すでに古いタイプに属するのかもしれない。だが、本屋の在り方、本屋の店員の役割が時代の流れとともに変化しても、その根幹にあることは同じであるように思う。つまり、すべては「一冊からはじまる読書への誘い」のためなのだ。

いま私は、さらなる売り伸ばしのヒントが「熱」にあるような気がしてならない。数字や戦略を重視する同業諸氏からは鼻で笑われてしまうかもしれないが、「この一冊を売る!」と腹を括《くく》ったときの熱意、拙《つたな》いながらも思いの丈を注いだパネルの熱気、売り場の内も外も関係なく本の良さを発してしまう熱量、そうしたものが強い興味と信頼ある商いへとつながるような気がするのである。

さて、この予想やいかに?

栃木県小山市に、進駸堂中久喜《しんしんどうなかくき》本店という鉄道やアウトドア、釣り、映画、アメコミ、ミリタリー、SF、海外文学などを中心に、好き以上からマニアまでうならせる品揃えと、発想を変えた展開方法で、オトナの本好きから大きな支持を得ていた店がありました。最寄駅から四キロほど離れた郊外のショッピングセンターの敷地内にある本好きが集まる店が面白い。その噂は遠く離れた盛岡まで聞こえてきていました。

ようやく足を踏み入れた店内で感じた第一印象は、なんて丁寧な本屋なのだろう、ということでした。おせっかいではなく、逐一丁寧なのです。

店をつくっている書店員の好奇心は、それぞれのジャンルの掘り下げ方を見たらよく分かりますが、進駸堂中久喜本店はとにかく深い。その深さと豊かさと楽しさを知っているからこそ、はじめてのお客さまにも優しい売場となっていたのでしょう。進駸堂中久喜本店は、本を手に取らせるまでの動機づけから、その本の向こう側に広がる世界までを見せてくれる、何より読者を楽しませる工夫が棚に散りばめられた本屋でした。

そこで、店長をしていたのが鈴木毅さんです。鈴木さんは、現在、千葉県千葉市で16の小さな専門書店で店長をしています。16の小さな専門書店は、鳩豆《はとまめ》堂（コミック）、みみずく書房（文芸）、つばめブックセラーズ（ビジネス）など、すべての店名（ジャンル）が「鳥」に由来したものになっています。

書店のほか、「シアター駒鳥座《こまどりざ》」ミニシアターや甘酒ドリンクを提供するカフェも併設した本屋です。進駸堂中久喜本店と同様に、おせっかいではなく、逐一丁寧な店づくりがそこにもありました。お客さまにとって楽しい本屋、優しい本屋とは何なのか、独自の目線で本屋を語ってもらいましょう。

「本屋でカメラ!?」本との出会いは突然に

鈴木　毅
（16の小さな専門書店）

本屋の仕事とは

それは入荷した新刊を陳列しているときだった。

棚の前で中学生くらいの男の子が、脇に本を挟んで、手の平の上の小銭を数えていた。もう一〇年ほど前のことだが、この男の子の光景は書店という仕事をする上で今でも大切にしている。

日頃、仕事の目線で本屋に入ると往々にしてつまらない。原因は入った本屋にではなく、自分の目的にある。テンションがあがらないのだ。なにか面白い本を見つけよう、知らないことに出会えるかもしれないという期待を放棄し、ただ本の並べかたなどを仕事目線で見てしまう。

しかし、自分が「なにか本を買おう」という意思のもとに本屋に入ると、これが本当に楽しい。海外の小説を物色しているうちに、頭の中はいつしか特定の国についての興味に変わり、「海外事情」のコーナーの前で長いこと時間を過ごす。すると香港についての歴史が知りたくなって中国史のコーナーをのぞき、次にイギリス史をのぞいてみる（ここでわかったことは、実は香港の歴史について書かれた本がとても少ないということ）。

するると今度は頭の中は「香港映画」についての興味に切り替わり、映画コーナーをウロウロとして数時間を本屋で過ごし、財布の中身を軽くして本屋を後にするのである。本屋の店内を徘徊することは、自分の頭の中にある隠された「興味のスイッチ」を次々と押してもらうことなのである。

本屋の仕事とは、来店した人たちの「興味のスイッチ」を押していくことである。

読んで面白かった本を薦めるという行為は、実は本屋の仕事としては基本であり、駅や高速道路のサービスエリアで食するご当地メニューのオススメみたいなものである。目に見えない多くの人の頭の中にある「興味のスイッチ」を押すための仕事はもう少し範囲を広げて、駅やサービスエリアそのものの特性や個性をガイドするような仕事なのである。

「興味のスイッチ」は様々で、本で言えば、テーマ、ジャンル、作家、装丁やデザイン、色、イラスト、展示、流行など様々なものがある（業界では「フック」とも呼ばれることが多い）。

また頭の中の興味のスイッチを探すのと合わせてしなければならないことがひとつ。それは入口である。その人の興味のスイッチが作られる本が必要なのである。

例えば登山のフェアには必ず入門書を入れる。「いつか登山をやってみたいなぁ」と漠然と思っている人へ向けて「登山」という興味のスイッチを作る手助けをすることなのである。

大きな方向転換をもたらした体験

以前、働いていた書店で中古のフィルムカメラを仕入れて販売したことがある。デジタルカメラが全盛の時代であるが、そのころフィルムで撮影するカメラが女性にも人気があり、当時は女性向けの専門誌まであった。

そういったわけで、女性向けのカメラ本フェアを企画した。そしてコーナーを作る際に、本物のカメラも販売すれば〝面白い〟のではないかと思い立ち、近所の中古カメラ屋さんを見て回った。

ショーケースに並んだ数万円の中古カメラをジロジロと眺めてみるが、こちらは素人なのでカメラの良し悪しがわからない。値札には「動作チェック済み」としか書かれておらず、そのカメラの性能や人気、持っていても馬鹿にされない程度というか、カメラ界におけるこのカメラのポジションはどのあたりなのだろうかなどは窺い知ることができない。

つまり買う決心がつかないのだ。実際のところ自分のお店で中古カメラを販売したところで不具合などのアフターフォローができないのも課題である。もし自分が客だとして、素性も背景もわからないカメラは買わないだろう。ましてやアフターフォローや、使い方を教えてくれない本屋では数万円の高額なカメラを。

「やはり餅は餅屋か……」と販売を諦めようとした。店に戻りフェア情報収集のために、カメラ雑誌を休憩時間にペラペラとめくっていたとき、中古カメラの通販ページに目がとまった。

その場で雑誌の発行元へ電話をかけ、その編集部につないでもらった。通販ページに出品している商品を卸してもらおうと思ったのだ。

編集の方にその旨を伝えると、その通販ページで販売している中古カメラは編集部が中古カメラ専門店から仕入れているとのことで、その販売店を紹介してもらった。

編集部が紹介してくれたカメラ店へ連絡し、書店でカメラのフェアを開催するのに合わせて中古カメラを販売したいので商品を卸してもらえるかと話をすると、快く了解をいただいた。そしてカタログ代わりの先方のウェブサイトから四台を選び仕入れた。

国内メーカーの一九六五年生産のもの、一九五二年生産の西ドイツ（！）製を一台、一九七六年生産の同じく西ドイツ製一台、そして一九七七年生産の初代ポラロイドカメラ。販売価格は二万円から三万五〇〇〇円までと設定した。

さて、商品は準備できた。あとは販売であるが、商品の素性や背景を提示し、かつアフターフォローをしっかりしなければいけないとの先の課題を解決するために、まずは仕入先である中古カメラ販売店に、購入者のアフターフォローをお願いすることにした。

その販売店の紹介とともに、カメラの故障や使い方の質問はそちらに問い合わせてもらうようにする。そして、インターネットでそれぞれのカメラの使い方を調べ、取り扱い説明書を作成した。それらを販売時にカメラと一緒にお客様へお渡しすることにする。

陳列は、五〇年代から七〇年代のカメラという特性上、そのカメラが登場した時の評判や背景を明示することにした。例えば国内メーカーの一台のPOPコメントには「一九六五年に生産された高級路線のカメラです。当時プロのサブカメラとして使われた本格派。本格的にカメラを操作したいという女の子にオススメのカメラです」

インターネットを参考にした文言ではあるが、こちらもカメラの素人なので、これなら自分が欲しいと思う文言を考えてみる。まずこの一台から売れた。買ったのは二〇代の女性であった。

果たして、仕入れたカメラ四台は完売した。

これはカメラを知らないからこそ買う側の視点に立てた企画の成功だった。

そしてこの体験は、書店の棚を作る上で大きな方向転換となった。

たとえば〝作家〟という興味のスイッチを押すには、その作家の作品を全部読む必要は無い。その作家の情報がお店でしっかりと発信できているのかどうか。その作家が評価されていて、良い作品を生み出す人なのか、また、この作家の本を読んだということで自慢できるものなのか、そういった本を読む前の「保証」もスイッチをつくるひとつの判断材料になる。

本との出会いは本そのものだけでなく、その周辺の「情報」を知ることなのである。本屋に入り、いつのまにか「興味のスイッチ」が押されて本を選ぶ楽しさを喚起された時点で、すでに本との出会いは約束されているのである。

現在、僕は転職してまたも本屋で働いている。千葉の「16の小さな専門書店」という店である。立ち上げのゼロからのスタートであったが、棚の前に立って仕事をしている今も考える。

冒頭の小銭を数えていた少年の興味のスイッチを、僕は押せたのだろうかと。

第五章

「これまでの本屋」と「これからの本屋」

最近、本屋に勤めながらも、本を売ることだけに集中できない日々が続いていることはすでに書いた通りです。本屋を維持し続けるには、本を売るだけでなく、文具やCDや雑貨など、本以外の商材も探さなければなりません。それは、今のシステムの中で、店舗のある本屋を経営していくには必要なことだと考えているからです。

しかし、僕は本屋に勤める書店員であると同時に、店舗の外でも本と読者との出会いを生み出したいと願う、広い意味での「本屋」でもあります。できることなら、これからも本屋として、そして「本屋」として生きていきたいと考えています。

しかし、現状は真逆でどんどん本屋から離れていっている感じがしています。コミュニティの中心に本屋を置きながら、さらに本をコミュニティの中心に据えることを柱にした本屋の姿に近づけようと、店舗の外の活動を増やし、頑張れば頑張るほど、本屋から離れている気がしてならないのです。

そんな現状だからこそ、一冊一冊の本を大切にしたいと考えています。売場ではできないけれど、「本屋」はできる。そう考え、本と誰かを繋ぐ活動をしています。書評を書かせていただくことも、地元のラジオ番組で本を紹介するコーナーを担当させていただいていることも、本のイベントを開催することも、学校や会合に出向いて本の面白さと本との出会い方のお話をさせていただくことも、すべて「本屋」である僕の仕事の一部だと思っています。

ここからは、本屋の現場から離れてはじめて感じることができるようになった「本と本屋のこれから」についてお話ししていこうと思います。また、本をまだ見ぬ誰かに届けようとすることに尽力している友人の元図書館司書の方にも、その思いを綴ってもらっています。

本の周辺で暮らしている人たちが一丸となり、その楽しさと豊かさと読書の意味を、「これからの読者」へ向けて発信しようという機運をつくるきっかけとなれたら幸いです。

なぜ、若い時に本を読んだ方がいいのか？

田口幹人

「本を読みなさい！」という言葉すら死語に

若者の活字離れ、というと、つい最近のことと思われがちですが、第一章で触れたように、最初に語られるようになったのは一九七七年のことで、それから約四〇年が経過したことになります。

その頃、本を読まなかった若者は歳を重ね、現在では中高年層となり、親となっている人も多いでしょう。そして子どもの前で本を読む姿を見せたことのない親が、子どもに「本を読みなさい！」と言い聞かせる。子どもは素直に読むと思いますか？　読まない親の背中を見て育った子どもも、本を読まずに大人になるかもしれません。

そのうち、「本を読みなさい！」という言葉すら死語になってしまう可能性もあります。

いや、すでにそうなっているのかもしれませんね。

少子高齢化が進むにつれて、活字離れも高齢化が進んでいることになります。なぜ本を読むことが必要なのかを教えてもらうことがないまま大人になった僕たちは、子どもたちに本の魅力を伝えることができるのでしょうか。

本は読まないより読んだ方がいい。

漠然とそんな思いを抱いている人は多いかもしれませんが、「本を読みなさい！」と促されることはあっても、本を読むことの効用や意味を明確に教えてもらう機会が少なかったのかもしれません。

本を読まないという中高生を対象とした、「なぜ本を読むことが嫌いになったのか」というアンケートの結果をまとめると、共通する三つの体験があるのだそうです。

一つ目は、「音読で恥をかいた」こと。音読は、小学校の授業で必ずといっていいほど行われます。みんなの前で教科書を読まされ、うまく読めなくて笑われたり、先生に叱られたりしたという体験が原因となっているようです。

二つ目は「興味のない本を読まされた」こと。親や先生などから、興味のない本を読むことを強いられて嫌いになった人も少なくないようです。大人も同じですが、本は限りなく個人的なものです。その人その人で、興味も趣味趣向も違います。義務的に読まされるという体験から、読書への意欲が削がれたということなのでしょうか。

三つ目は「読書の必要性を教わらなかった」こと。幼少期に読書の仕方と必要性を教えてもらうことがなかったから、という意見が多いそうです。義務教育の国語の授業では、読解教育が中心となっています。国語の時間の多くは、国語力や言葉の知識、読解力を身につけることを目的としているからです。

このアンケート結果を見て、なるほどと思いました。確かにそうかもと、思い当たる人も多いかもしれません。

音読で恥をかき、興味のない本を読まされた経験は、だれもがもっているかもしれませんね。特に三つ目の「読書の必要性を教わらなかった」ということが、活字離れの潜在的な理由として大きなウエイトを占めているのではないかと僕は考えています。

読解とは、読書の一つの側面に過ぎません。読み解く力をつけるということは、国語教育にとって大切な要素でしょう。しかし、教育には必ず評価がついてきます。読書というあくまで個人的なものに、相対的な評価をつけることの難しさが、国語教育から読書そのものを教える機会を奪っていったのではないでしょうか。

さわや書店に勤めるようになり、出前授業や教育関連の講演会などに参加する機会が増え、多くの教育関係者や教育者を目指す学生と、「読書」と「読解」について議論し、学ぶ時間を持つことができました。この時間は、「読書」とは何かを考えるうえで、僕にとって貴重な時間となりました。

読解とは何か。この間、僕が見聞きした国語教育の現場での話は、以下のようにまとめることができます。

読解力を目的の上から整理すると、通信・書式などの生活上必要なものを読む力や、通達・指示・事件・情報など、知識を獲得するために読む力、文学作品など楽しみを求めるための読む力、さらに記録・報告・説明等を理解し納得するための読む力、と言えるかもしれません。また、読んだことを他人に伝えたり、書きとめたりするための読む力も含まれるでしょう。

そしてこの読む力は、大意を要約したり、要点を抽出したり、内容表現を読み比べたり、文意を忠実に汲み取るという形で、国語のテストで試されることになります。

こうして見ると、僕たちが小・中学校を中心とした国語で学んだものは、読書ではなく、読解だったと、あらためて気づきます。読解は読書の一部でしかなく、読む「技術」を学んだとしても、広い意味での読書全般を学んだことにはならないのではないでしょうか。

つまり、読む技術の習得を目的に、授業が組まれているのではないかと思うのです。

それらによって、最も読書をする小・中学生時代に、読む技術を身につけることはできるかもしれませんし、これは必要なことだと思います。でも、その後の人生において、読む技術をどのように活かすべきかについては、学ぶ機会が少なくなってしまうのではないでしょうか。

「読む技術」を、「読書の本質に触れる機会」へと変えてゆくこと。それこそが、その後の読書生活に大きな影響を及ぼしていくと、僕は考えています。

もちろん、本を読むことの意味を知ってもらおうと、熱心に読書教育をしている先生もいらっしゃいます。読み解く力を身につけるためだけの読書ではなく、本との出会い方から、読書を通じて得られる世界の広がりと豊かさまで知ってもらうこと。それを授業の中心に据えようとしているのです。

そんな先生に教えられた子どもたちは幸せですね。読書とは、劇的に何かを変えるものではありませんが、確実にその人の「これから」の選択肢を増やします。それにはやはり、本との出会い方も重要な役割を果たします。「読みたいと思える本の蓄積が、その人のこれからの読書を豊かにすると思う」と、ある先生が教えてくれました。それ以降、「本屋」である僕もまた、その活動に参加できる範囲で協力をしてきましたし、これからも続けたいと思っています。

公共図書館、学校図書館だけでなく、地域にある本屋もまた、それに積極的に参画することができるはずです。教科書の納入業者や図書館への納入業者として、本を売るという利害関係者として学校と関わるのではなく、今こそ、本の周辺に生きている人たちが心をひとつにして、「未来の読書人」を育てることに、真っ直ぐに向き合うべきではないでしょうか。

公共図書館、学校、学校図書館、公共の施設と、本屋という営利企業が共同で何かをすることは難しいかもしれません。しかし、緩やかな繋がりと連携の中で、できることはたくさんあります。

出版社も取次会社も、そして本屋も、本屋の経営に関することや、本を販売する技術だけではなく、もっと積極的に「本を読むことの魅力」を発信し続けることが大事なのではないでしょうか。

最も本を読む時期（読まされる時期）に、読む技術を身につけることの意味は大きいでしょう。しかし、読書の本質に触れることが少ないまま小・中学校を卒業する。そして高校生になると、読書時間が激減するというデータもあります。携帯電話がその理由と言われてきましたが、携帯電話を持つ年齢層が下がってもなお、高校生から読書時間が減る傾向は変わりないようです。

やはり、本を読む時期（読まされる時期）の、本との関わりと向き合い方にもう少し工夫が必要なのではないかと思えるのです。

本を読むということ

僕は「本屋」として、子どもたちと本を読むことの意味と楽しさを一緒に考える時間をもちたいと思い、国語科や学校図書館の担当の先生にご協力いただきながら、学校で本との出会い方と読書そのものを考える時間をつくる活動をしています。

この活動は、国語の授業における読解と、ニュアンスが違うと思っています。若い時に本を読む意味・効用は、いろいろと挙げることができます。ここからは、その例を挙げながら、読書について考えてみましょう。

本を読むということは、「いま」を起点としたとき、「これまで」というものに触れることだと考えることができます。「これまで」とは、自分が生まれる前の出来事から「いま」この瞬間までのことです。

「これまで」、「いま」、そして「これから」は、一本の線で繋がっています。「いま」から「これから」を思い描く人は多いでしょう。それは、「いま」と「これから」が繋がっていると認識しているからだと思うのです。

一方で、「いま」というものに対しては、過ぎ去った「これまで」の積み重ねの上に成り立っているという認識が薄いのではないでしょうか。「これから」に向けて、「いま」を生きることや、「これから」に関係なく「いま」を謳歌することは考えても、「これまで」があるから「いま」があるのだという認識が少ないのかもしれないと感じています。

「これまで」の経験なくして、「いま」が成立しないことを頭では理解していても、「これまで」を振り返る人は少ないのではないでしょうか。

なぜ、若い時に本を読んだ方がいいのでしょうか？

若い人達は、歳をとっている人と比べると、生きてきた年数の分だけ、積み重ねてきた「これまで」が少ないはずです。当然ですよね、生きてきた年数が違うのですから。

それを補うものの一つとして、僕は、読書の役割が大きいのではないかと思っています。

歳を重ねた人たちが、「本を読みなさい」と若者に語りかけるのは、積み重ねた「これまで」が少ない若者たちに、「これまで」を突きつけているようなものなのかもしれません。「本を読みなさい」という言葉で、「これまで」を押し付けようとしたら、若者たちは、それを素直に受け入れようとするでしょうか。

「これまで」と「これから」よりも、「いま」を大事にしたい、「いま」を謳歌したい年頃の子どもたち。そんな彼らに対して、自分とはまったく関係のない他人の「これまで」に付き合う必要がどこにあるのかを伝えずに、「これまで」を押し付けることが、活字離れの根底にあると考えてみたらどうでしょうか。まずは、「これまで」を、自分のものとすることの意味を知ってもらうことから始めてみたらいいのかもしれません。

「これから」は「これまで」の蓄積で成り立っています。「これまで」の積み重ねが、歳をとるということになります。

「これまで」には、二通りの「これまで」があります。一つは自分の「これまで」。もう一つは、自分以外、つまり他人や世界全体の「これまで」です。

現代の子どもたちは、携帯電話やパソコン、そしてスマートフォンなどを通じて、早い段階でネット社会と向き合うことになります。情報社会と言えば聞こえがいいでしょう。しかし、氾濫《はんらん》する情報の中で、自分という存在が埋没してしまうこともあるかもしれません。

そんな時、積み重ねた「これまで」は、経験値として危険を察知し、そこから前に進んでいいのか、立ち止まるべきなのか、あるいは後退するべきなのかを判断する指針となりうるものだと思いませんか。若者には不足しがちな経験値を補うものとして捉えてみると、他人の「これまで」を知ることの大切さを感じることができるかもしれません。

本を読むことは、先人の体験を追体験することと言い換えられます。場所や人種や性別や、時間や空間を超えて、様々な他人の「これまで」を追体験し、自分の経験値にすることで、自分に足りないものを補うことができるのです。

自分の「これから」のためには、だれかの「これまで」を、自分のものとしてほしいと思います。とくに若い人たちにこそ。振り返る「これまで」が少なければ少ないほど、それが必要なことだと思うのです。それが僕の考える、若い人たちにとっての読書をする意味の一つなのです。

けれど一つ、強調しておきたいことがあります。本を読むということは、書き手の言うことをそのまま受け入れて従うことではありません。「書かれていること」を読み、「そこに書かれていないことを考える」、または「そこに書かれてあることを疑う」こと。それこそが、本を読むということなのでしょう。

これは、「行間を読む」という言葉で表現されることもあります。なぜ、本に書かれていないことが存在するのか。それは、書き手と読者の考えが必ずしも一致するとは限らないからです。

書き手が込めた想いや考えが、読者である自分にとってはどうなのか？　という疑問が生じることもあるでしょう。本の中には「書かれていないこと」が存在し、読者は、本の中に自分の立ち位置を見つける作業をすることになります。

つまり行間とは、書き手にとっての「真実」と、読者にとっての「真実」がせめぎ合う場なのです。しかし、「真実」が「事実」であるとは限らず、書き手と読者のどちらかが「事実」をとらえているという保証もありません。

だからこそ読者は、書き手の主観の裏にある行間を居場所として、自分のあり方に沿って物事を考え、「事実」がどこにあるのかを、突き詰めていかなければなりません。「真実」と「事実」を見極める眼は、それによってこそ養われるのではないでしょうか。

本を読むことの意味と、本を読むことの本質について、僕なりの考えをまとめてみましたが、いかがですか。

本は、あくまでも個人的なものです。本の読み方もまた、個人的なものです。正解などありません。しかし、本を読むという行為には、様々な効用があると思います。ここで記した僕の考えは、そのほんの一部です。もっと様々な効用があるはずです。本書をきっかけに、本を読むことの意味が、あちこちで語られるきっかけになったら嬉しいです。

ここまでは、僕の考える読書の意味について書いてきました。本を読むには、本を選ばなければいけませんよね。

本を選ぶことは、読書の一部です。読書のもっとも大きなウェイトを占めているといっても過言ではありません。読みたいと思える本との出会いの蓄積が、その人のその後の読書を豊かにするとしたら、やはり出会いは重要なのです。

本との出会いの場はたくさんあります。その一つに図書館があります。図書館も本との出会いの大切な場所です。

ここからは元図書館司書の吉田さんに、本との出会いにかける思いを綴っていただきました。

未来の読者のつくり方——まずは憑《つ》き物落としから

吉田倫子（司書）

『本の逆襲』の中で、内沼晋太郎さんは図書館員も広義の本屋だと言っています。

「「本屋」は「空間」ではなく「人」であり「媒介者」のことである。それはたとえば、必ずしもリアルの「書店」を構えていなくても、「本屋」であるという「あり方」が可能であるということです」（P.67）

この本を読んで以来、私も広義の本屋の一人だ、と思っています。

およそ四半世紀、市立図書館と学校図書館のカウンターで、司書として人々の読書と向き合ってきました。田口さんから「未来の読者をつくる」というお題をいただいて最初に考えたのは、図書館の最前線で行ってきた営みでした。まずは、それがどんなものだったかをお伝えしましょう。

図書館で行ってきたこと

生徒にはよく「本には想像で書かれた物語・小説と、本当のことが書かれた実話・ルポルタージュっていうのがあってね。本嫌いは小説が嫌いなだけだった、ってことも多いから、そういう人はルポや実話を試してみて」と言っていました。実際、それで読めるものを見つけられた子も多く、友人同士で私は小説だなあとか、私は実話！　とか言い合っていました。

手に取ったものが面白くないという子には、それは君が悪いんじゃなくてその本が合わないだけだよとも言いました。つまり、自分の趣味嗜好の方が大事で、要はそれに合った本を選べばいいと励ましたのです。

読み進められないという子には、途中でやめていいとも言いました。必要な部分が一部だと思った子には、目次を開いて章を示し、まずはここだけ読めばいいと教えました。本は全部読まなくてはいけないと思い込んでいる子が多いので、読み方の選択肢を増やし、どう読むのも自由だと励ますことが肝心でした。

知りたいことがあると言われたときは、まずは目的を尋ねました。例えば授業の課題なら、期限や提出レポートの枚数で、提供する情報のスピードとインプットすべき情報の量が変わると説明しました。調べものなら索引から目指す部分を見つけ出す術を教え、後で絶対必要になるからと奥付をメモするように伝えました。

例えばジェンダーについて知りたいと言われたら、図解や入門書、概説書にブックガイドなど、様々なタイプの関連書を用意しました。自分にとって読みやすいものはどれか、今必要なのはどういう情報なのか……実際に触れて初めて、本には様々なレベルや違う種類があることが実感できるのです。

単行本と文庫本の違いも分からない人が多いです。まず本が出るときは大きな本、つまり単行本で出ることが多く、小さい文庫は後から出ることが多いことを説明します。内容は同じか？　と訊ねられるので、書き直されることもあるからちょっと違うところもあるし、文庫は解説がついていることも多いと、両方があるときは比べて見せました。

図書館の検索結果から本を選ぶときは、発行年を見ることを伝えます。東日本大震災のことは震災後に出た本にしか載っていないでしょうと説明すれば、その本がいつ出たかで書かれている事実が変わってくることに気付いてくれます。

学校では、自分で本が探せるようになって欲しいと、ブックガイドの紹介展示をやったこともありました。すると、それまでは毎日何か面白い本はないかと訊ねに来ていた生徒が、とても嬉しそうに「もう吉田さんの手を借りなくても大丈夫だ。とても面白い本を（ブックガイドから）自分で見つけられた」と報告してきた時は、思う壺だとほくそえみつつ、自分の手を離れていくようで一抹の寂しさも覚えました。

図書館のカウンターで「本を入手したい」と相談され、協力することもしばしばありました。書店の在庫検索ができること、在庫がなくても注文できること。ＩＳＢＮを伝えると確実なこと、品切れや絶版で普通の本屋では買えないこともあること、絶版でも古書店を探すという方法があること……とにかく一から説明することが多かったのですが、考えてみれば当たり前で、どれも学ぶ機会は一度もないことばかりです。

育むことは、手がかかること

カウンターで多くの市民と接し続けて、気づいたことがあります。それは、われわれ「本屋」が当たり前だと思っている前提を、知らない人の方が圧倒的に多いという現実です。そして、読書の入り口でつまずき、傷つき、離れそうになっている人の多さです。

私が司書であると知ると、「本は嫌いだ」あるいは「本は読まない」とよく言われました。後ろめたそうだったり強気で言い放ったりと言い方は様々でしたが、「読書の呪縛」に囚われているように見えました。

一体いつから、本＝小説で、本を読めないのは自分が悪いせいで、苦痛でも最初から最後まで読まなければならない、と人は思い込んでしまったのでしょうか。そんなことでは、本を読む人は減るばかりでしょう。

今、未来の読む人づくりは、こうした憑《つ》き物落としから始める必要があります。本は自由に読んでいいのだと励まし、読み方の選択肢を増やし、本の使い方や選び方を伝えること。ここまで手をかけてやっと、人は読書の入り口に立つのです。

この文章を書いた直後に、本屋で『理科系の読書術』（鎌田浩毅、中公新書）に出会いました。「難しい本は著者が悪い」「本は最後まで読まなくていい」という帯の惹句は、私の心を読まれたようで驚いて手に取ったのですが、読書を苦行にしている一番の原因は「心のバリア」だと断じ、それを解き放つ具体的な助言が書かれていました。

「本屋」らしくこの本をお勧めして、田口さんにバトンを戻します。

読者と本を繋ぐ想いは、図書館で働く司書も本屋で働く書店員も同じなんですよね。ただ、役割が違うだけ。

司書のみなさんとお話ししていると、今まで書店員同士で話してきたことと同じ議論になることもあります。そんな時、これからの読者に向けてもっと連携することができたらいいのに、とよく感じるものです。

本屋が本と読者の側にありつづけるために

田口幹人

何ものとも戦わない、「これからの本屋」

よく、本屋業界の会合などで耳にする言葉があります。

「図書館の整備が進んだから本屋が衰退した」

本屋衰退の原因の一つとして、公共図書館の存在が挙げられることがあります。反対に、図書館のみなさんから、本屋や出版社の施策に対する不満を耳にすることも多いです。読者を相手に奪われるのでは、という相互不信から、読者不在の議論が続いているように感じられます。

僕は、その話になるといつも悲しい気持ちになります。というのも、公共図書館は、その地域の読書推進の柱であり、要となる存在だと考えているからです。図書館には図書館の役割が存在します。たしかに、無料の貸し本屋という指摘が、全く当たらないとは言えないかもしれませんが、生活の中に本と読書がある人たちの大きな受け皿となっていることは間違いないでしょう。

景気の低迷が続き、一部の都市圏を除いては、依然として個人消費に勢いを感じない状況において、本への支出を削らざるをえない現状は、書店員である僕たちも同じです。そんな中でも、本を読むことを欲している人たちはたくさんいます。実際、図書館の本の貸出冊数は高い水準を維持しています。

だから、図書館に通う方々を見るたびに、こんな想いが強くなります。

「本の未来」と「本屋の未来」は、違うということなのかもしれない。

本と読者との接点は、多ければ多いほどいいでしょう。本を借りて読んでいる読者は、少なくとも本の魅力を知っている。本を持つ動機を持っている人たちです。しかし、彼らに本を自分のものとしてもらうための努力を、本屋はしてきたのでしょうか。自分自身、できていなかったのではないかと、自戒を込めてそう思います。

出版物の販売額は、年々減り続けています。上向く兆しも見えない状況にあります。それに比例するように、本屋の数も少なくなっています。今までなら、新しい商業施設の計画があると、テナント構成には必ず本屋が入っていました。集客効果、滞在効果を期待してのことでしょう。

しかし、寂しいかな、現在は本屋のない商業施設が増え始めました。都市部の駅ビルでさえ、本屋のないところが見受けられるようになってきました。本屋に、以前のような集客効果や滞在効果を期待できなくなってきたことと、本屋だけでは賃料を賄《まかな》いきれないことも要因となっています。

厳しさは、年々増していています。かつて、本屋はまちの中心市街地の商店街にありました。生活様式の変化や、地方の車社会化にともない、中心市街地に足を運んでいた消費者は、郊外にできた大型の本屋や大型商業施設にある本屋へと流れていきました。その流れに押し出されるように、中心市街地の本屋は姿を消していきました。

ところが今や、郊外の大型の本屋も経営を維持することができずに撤退し、大型商業施設は、本屋を必要としなくなりました。

本は電車と相性がよく、どこの駅ビルにも必ずと言っていいほど本屋がありました。しかし、現在の電車の車内を思い描いてみてください。乗客の手元には、本がありますか？みんなの手のひらには、スマートフォンがありませんか。それを反映するように、本屋のない駅ビルが目に付き始めました。今後、この傾向は強まっていくでしょう。

本屋のないまちが増えることが……。

本屋の業界は、もしかしたら守られすぎていたのかもしれません。

本という限りない可能性を持つ存在を扱っているのに、自らを小さな世界で閉じた戦略しか持ってこなかったツケが、今の業界の現状の一因なのではないでしょうか？

今までの仕組みでは成立しづらくなった時、その仕組みを変えることが必要なはずなのに、目先のことにとらわれすぎて、根本に目を向けることをしてこなかった気がしてなりません。

僕は、業界全体の方向性を整理しなければいけない期限が迫ってきているのではないかと感じています。

前にも触れたように、出版物販売額は、一九九六年をピークに下がり続けています。算出方法に、コンビニを入れても、インターネット販売分を入れても、最近では出版社直販まで入れてもなお、前年の売り上げを超えることができない状況です。

何が足りないのでしょうか。

それは、明白じゃないですか。

今までの、そして今の読者しか見ていない業界に未来がありますか？

「これからの読者」に、本屋としてなにができるのか。

その一点にこそ、業界全体で取り組む必要があるのではないでしょうか？　僕はそう思っています。そうでなければ手遅れになる。

若者の読書離れが叫ばれはじめて四〇年が過ぎ、今や六〇歳以下の全ての現役世代が読書離れ世代となりました。そんな今だからこそ、もう一度原点に立ち返る必要があるのかもしれませんね。

しかし、悲観の先に、明るいともしびもたくさん生まれています。本と本屋の可能性を信じる人たちが、新しい本屋をつくり始めました。今までの本屋と違い、身の丈を認識した器で、それぞれの地にある役割をこなしながら、まちに根付こうとしている本屋が。

僕は、その新しい価値観を持つ本屋の出現が嬉しくて仕方ありません。そして、うらやましいと思っています。業態や形は変わっても、中心市街地に本屋が戻っていく未来。なんて素敵なのだろう、と考えただけでワクワクします。

そんな身の丈を意識した新しい本屋は、「これからの本屋」といえるかもしれません。そして、これからの本屋の業界を考える時、僕は「これからの本屋」のあり方が、きわめて重要になってくると思うのです。

僕はいつも、全国チェーンなどの大型店を動脈と静脈に、昔からある地域のローカル書店を毛細血管になぞらえて話をしてきました。動脈・静脈、そして毛細血管、そのすべてを繋いでいる血管が、取次なのだと思います。

血液を送り出す心臓の機能がそうだろうと言われることがありますが、僕は違うと思っています。人が生きていくという時に、動脈も静脈も毛細血管が正常に機能しなければ、健康に暮らすことはできません。毛細血管が正常に機能しなかった場合、致命傷にならないまでも、不自由な生活を強いられることもあります。一方、動脈や静脈が正常に機能しなかった場合は、最悪死に至ります。

そして、もっとも大切な本。

人間で言うところの血液をつくり出す骨髄、それが出版社だと思っています。そのいずれもが機能しなくてはいけない。

それぞれがしっかりと関わりながら、正常に機能していくことがまずは大事なのでは、と思っています。ところが、最近は少し状況が変わってきました。

ネット書店が、動脈も静脈も、毛細血管も兼ねるようになってきましたよね。特にＡｍａｚｏｎがそうです。いろいろな問題点があるにしても、今やコンビニの売上を超える規模になり、今後も成長し続けるでしょう。生活様式の変化を考えたら、そうなりますよね。

何でも、インターネットで買えるようになる。つまり、本屋がなくても困らない時代がやってくる。

本屋はそことどのように対峙していけばいいのでしょうか。

目先の仕入れ、目先の売上、目先の支払いではなく、もっとあとの世代に身近に本が買える場があることの意味を伝えていくために、いま何ができるのでしょうか。

もう待ったなしの状態じゃないかな？　と思っています。

こうした時代の急激な変化に対して、「これまでの本屋」は何とか売上をあげようと、戦ってきました。いや、戦おうとしてきた、と言った方がいいかもしれません。

でも、僕は無理に戦う必要はないと考えています。「これからの本屋」のように、何かと戦うのではなく、時代に応じた形で、本と共にその土地に寄り添う姿。それが、これからの時代に求められる本屋なのではないでしょうか。

僕らの三つのスローガン

時代の変化に対して、どう対応していくべきか。それは、僕たちさわや書店もずっと悩み続けてきたことです。

でも、スローガンというか、憲法というか、僕らは本屋として三つの指針を持ち続けてきました。

・私は私の住む街を愛したい、手あかにまみれた一冊の本のように
・時間は資源、あなたの限りある時間を読書に
・お客さまと本との出会いのお手伝い、一冊でもお役に立てれば幸いです

この三つに外れなければ、どんな手段を選んでもいいと思っています。僕の勤めるさわや書店は、さきほどの「文庫X」をはじめとして、諸々微妙なこともたくさんやっている本屋です。本屋としてはグレーとも言われています。それが話題となり、注目されてきたというのが実情です。

末端の習慣や業界のルールに違反していることはあるでしょう。しかし、僕らの決めた憲法にはなんにも違反していません。だから、探り探りなんかじゃなく、批判されても堂々と企画を立ち上げやり続けて来ました。一冊の本を届けるために。

僕には、その想いと考えを共有できる仲間がいます。たとえ僕が店頭に立つことがなくなっても、彼らがそれをやり続けるでしょう。僕たちのつくる本屋がしたいこと。それを共有し続けることが身の丈の本屋なのだと僕は考えています。店頭にある一冊の本と出会ってほしいという意志がある限り、その空間を維持するための努力をし続けたいと思っています。

先の三つのスローガンついて、一つずつ、お話しします。

・私は私の住む街を愛したい、手あかにまみれた一冊の本のように

さわや書店は、七〇年の間、盛岡という街に育てていただき、ここまでやってくることができています。かつて本屋はまちの一部でした。しかし、今はわざわざ行く場所になりつつあります。僕は、もう一度、コミュニティの中心に本屋を置くことに注力したい。だから、いまの僕の活動のほとんどは、このスローガンにもとづいています。

さわや書店の基幹店であるフェザン店は、岩手県の玄関口である盛岡駅ビルフェザンにあります。岩手県で最も県外の方々が訪れる場であり、岩手や盛岡を知ってもらうため、郷土書コーナーについては特に力を入れてきました。

一方で、岩手に住む人たちにとっては、さわや書店フェザン店の郷土書コーナーが、岩手の歴史やその魅力、抱えている問題等の再発見の場になればいいな、と考えていました。電車やバスを利用して通勤・通学をしている地元のみなさんが毎日訪れる場でもあるからです。

店内に岩手・盛岡を感じてもらうこと、岩手・盛岡にこだわることが、店づくりの根幹となるのは必然だった気がしています。可能な限り、一冊の本と地元との関連性を見出し、店内に配置される本。それに気付いてもらうために付したPOPやパネル。さらには、トークショーやワークショップの開催など、さわや書店フェザン店が行うこと全てが、郷土書コーナーへと集約されるような取り組みを続けてきました。

でもこれは、さわや書店フェザン店が単独でやってきたことではありません。入居している駅ビル「フェザン」のスタッフのみなさんの理解と協力なくして成立しなかったと思っています。

「地方の駅ビルの役割とは何か？」

それを教えてもらいながら、ともにさわや書店フェザン店という場をどのようにつくるかを模索してきました。フェザンとの協同で進めてきた事業はたくさんあります。

たとえば、さわや書店では、二〇一二年から毎年、フェザンの共用スペースを使い、「本を通じて、いまこそ被災地に想いを！」と題したトークショーを開催しています。二〇一七年からは、同じ駅ビルに新しくオープンしたさわや書店の支店「ＯＲＩＯＲＩ　produced by さわや書店」のイベントスペースにその場を移しましたが、継続して開催し、今後も続けていきたいと考えています。

東日本大震災を題材として出版された本の著者や、その本に登場する方々にお越しいただき、被災地のその時の状況とこれからの復興についてを語っていただき、本を通じて多くの方々と一緒に震災と向き合う時間をつくり、問題意識を共有することは、僕たちにとっても大切な事業になっています。今後も、ＯＲＩＯＲＩという場と本を通じ、僕たちが協力できることをし続けていきたいと思っています。

そのイベントの情報発信を通じて、新しい繫がりも生まれました。二〇一六年二月に、当時横浜市立中央図書館に司書として勤めていた吉田倫子さんから、企画展への協力を、というお話が届きました。岩手から遠く離れた横浜からです。

その企画趣旨は、東日本大震災を風化させず、これからも被災地や被災者とともに歩むことができるよう、震災被害や復興に向けての取り組みを紹介し、さらには防災について啓発することにありました。そのために、被災地自治体や市民団体と協力して、被災地の復興状況などを写真や映像で紹介したり、震災文学や防災関係書など、所蔵の資料をテーマ別に展示するなど、様々な角度から震災を伝えようという内容になっていました。

震災から五年という節目の年に企画されたこの展示には、震災当時から店内で掲示していたさわや書店のＰＯＰやパネルの現物を、それぞれの本に付して展示していただきました。模造紙大の紙に想いをびっしり書き込んだＰＯＰやパネルは、ご覧いただいたみなさんにどのように見えたのでしょうか。

その後、企画展を見たという方々の中には、ツイッターを通じコメントをくださる方、お手紙をくださる方、さらにはわざわざ盛岡の店舗まで来てくださる方もいらっしゃいました。

本を通じて感じてもらえることがある。そう信じて、この企画をした吉田さんのような司書さんもたくさんいます。しかし、その時、同じ本を扱う本屋の店頭を思い出し、一緒にやろうと声をかけてくださる司書は珍しい。吉田さんのように、図書館や本屋という枠組みを越え、協力して「本」の向こう側にいる読者に向き合っていけたらいいですよね。

それが本屋の仕事なの？　と問われたら、「そうです」と答えられない部分もたくさんありますが、聞かれたら「それも本屋の仕事の一部なんですよ」と、答えるようにしています。

店舗を飛び出し、さわや書店をつくってしまった例も紹介しましょう。

東京の下北沢駅の近くに「Ｂ＆Ｂ」という本屋があります。「Ｂ＆Ｂ」とは「ＢＯＯＫ」＆「ＢＥＥＲ」の略で、本を読みながらビールが飲めるというコンセプトです。店内で開催するイベントを通して情報を発信し、それによってたくさんのファンを獲得している「これからの本屋」の先頭をゆく本屋です。

「Ｂ＆Ｂ」で、「てくりのもりおか市」というイベントがありました。『てくり』とは、岩手県の盛岡市の日常を綴った盛岡のリトルプレスです。誌面が伝える盛岡の日常は、単にその風景や情景を切り取って紹介するだけでなく、盛岡の空気感を伝えてくれます。『てくり』というミニコミ誌が生まれる風土がまさに盛岡なのだと思わせてくれる、盛岡市民にとって大切な大切なミニコミ誌なのです。

「B&B」で、「てくりのもりおか市」を通じて、盛岡の空気を届けるという企画の一環として、さわや書店にも声がかかりました。盛岡の物産を展示するだけでなく、「B&B」店内にさわや書店をつくってしまえ！　その発想が面白くて、二つ返事で引き受けたのでした。

二〇一七年に「ORIORI produced by さわや書店」の次長・竹内敦が中心となり選書した岩手の関連書が、「B&B」の棚へ出張していきました。期間中、「B&B」ではさわや書店のPOPやパネルも貼り出され、なんとブックカバーまで使用していただきました。開催期間中、「いつもより暑苦しい店内だったろうね?」と、竹内と笑い合いましたが。

さわや書店フェザン店の店内を再現した、熱量だけは高いPOPやパネルを見たお客さまには、「久しぶりに盛岡に帰った気がするよ」という感想をつぶやいてくださる方もいらっしゃいました。『てくり』のようにとはいきませんが、さわや書店の店頭の風景が、盛岡の風景の一部と感じてもらえていることが嬉しかったです。と同時に、思い出になってしまわないように頑張らねば！　と思ってみたりもしています。

話を戻して、二つ目、三つ目のスローガンについても、簡単に触れましょう。

・時間は資源、あなたの限りある時間を読書に

時間は、限りあるものです。限りある時間を読書に使ってもらうきっかけづくりのお手伝いをしたいと考え、店を出て地域の様々な場面で本との出会いをつくる活動をしています。「これまで」や「今」の読者だけではなく、「これからの」読者に、本を読むことの意味と読書の楽しさを伝える活動。それも本屋の大切な仕事だと考えるからです。

僕は、「本が売れない時代」と「本が読まれない時代」はイコールではないと思っています。本を読むこと、読書の意味と楽しさを再発見してもらえる場として、僕は本屋を続けたいと思っています。

僕たちに与えられた時間には限りがあります。その限りある時間をどのように使うのかは人それぞれでしょう。本は、その限りある時間に豊かさを加えてくれる存在だと信じています。本の周辺には、本屋だけではなく、多くの人たちがいます。向き合うべき人は、その内側ではなく、その外にいる人たち、だと思うのです。

「時間は資源、あなたの限りある時間を読書に」。本の周辺で生きている人こそが知っている「本」の魅力、「本」の価値、「本」の怖さ、そしてなにより「本」の素晴らしさ。まだそれを知らない、そして気づいていない人たち、また「これまで」と「今」の読者に対しても、どんどん発信していけたらいいな、と思っています。今まで以上に。

その発信場所の一つが、本屋であればいいと思いますし、本屋がその発信に関わり続けることが、今まで以上に大切なのかもしれませんね。

・お客さまと本との出会いのお手伝い、一冊でもお役に立てれば幸いです

近年、盛岡市では大型書店の出店が相次ぎました。他地域と比べても、お客さまにとって実際に本を手にして選べる環境は飛躍的に向上しました。その商環境の変化にどのように対応するのかが、僕たちにとって重要なことでした。

大型書店の小型版ではなく、さわや書店フェザン店らしさをどのように打ち出すのかを突き詰めていきました。その結論が、「読みたいと思える本との出会い」こそが、次の一冊に繋がるという考えのもと、「お客さまと本との出会いのお手伝い」に徹することでした。

一冊の本にこだわって、過剰なまでの情熱を傾けて販売することは、もしかしたら間違いなのかもしれません。毎日毎日、新刊が溢れるように店頭に届きます。それぞれの本は、お客さまの方が精通している場合が多い。そのジャンルの、その著者の、その道を追い続けている方々がいます。書店員が敵うはずがないのです。

しかし、偶然の出会いのお手伝いはできます。普段の自分の文脈にない本との出会いは、新しいジャンルと、著者とさらにはその両者を繋ぐ未知との遭遇であり、今までにない自分の広がりを実感してもらえるのではないか、と思っています。

また近年、何を読んだらいいのかわからない、というお客さまも増えています。その「何を」に出会ってもらうこと。それがこれからの本屋には必要なのだろうと感じています。

全国には、その出会いのお手伝いをするために、たくさんの書店員が店頭で日々本や棚と向き合っています。ふらっと立ち寄ったお店の平台や棚に並べられた本から、その書店員の想いを感じていただけたら嬉しいです。

本屋のともしび

本を売ることが本屋の仕事です。一冊でも多く。それを追い続けてきたのが、「これまでの本屋」だったのでしょう。言い換えれば、「これまでの読者」、そして「今の読者」しか見ていなかったと言えるかもしれません。これまでの、そして今の読者と同じように、大切にしなければいけないものがあります。

それは、「これからの読者」です。

本を読むことの大切さから本との出会い方までを考えて、本の周りにいる人を増やすこと。これがもっとも大切なはずなのに、そこに対する施策を講じてこなかったツケが、今の業界の現状に繋がっているのではないでしょうか。自戒を込めて、僕はそう考えています。

店に来ていただく動機づくり、「待つ」から「まちへ出る」ことで、これからの読者をつくることに繋げる。その活動もまた、本屋の仕事の一つなのかもしれませんね。店を構える本屋だけが本屋なのではなく、本の周りにいる一人ひとりが、本に関わる全ての人を「本屋」なのだと仮定した場合、まだまだやれることがたくさんあるのだと思っています。本の未来の数だけ、本屋の未来があるのだと。

「これまでの本屋」も「これからの本屋」もまた本屋です。何年後を見据えるか、何を目指すのかによって違うかもしれませんが、本に寄り添い続けようという想いをもった本屋がこれからも生まれ続けるでしょう。僕たちも、コミュニティの中心として本を扱いたいという異業種の方々との連携で、まちにもう一度本屋を開く準備をしています。

また、僕たちのような「これまでの本屋」も変化を模索しています。どのように変わろうとしているのか、変わってゆくのかを感じてほしいと思っています。これまでの読者も今の読者も、そしてこれからの読者にも、本屋を本の出会いの場として選択してもらえたら嬉しいです。

全国各地で本との出会いを模索する書店員の活動を紹介してきた本書を通じ、最近本屋に足を運んでいなかった方が、久しぶりに足を運んでみようかな、と思っていただけたら幸いです。

また、まちに本屋をつくろうという方々も増えてきました。参入しやすい環境も少しずつ整いつつあります。そのエネルギーは、きっとこれからの本屋のともしびとなってまちを照らすことでしょう。「これまでの本屋」も、生き残る術としての店づくりではなく、必ずその役割を果たすための店づくりに変わっていくでしょう。

そうなった時、本の未来に本屋は寄り添い続けることができるのではないでしょうか。

おわりに

構想から二年の月日が経ちました。この間、僕の置かれた環境も大きく変わりました。『まちの本屋　知を編み、血を継ぎ、地を耕す』を書いた時は「かもしれない」だったことが、具体的な形となり、それが新しい目標に変わっていきました。本屋の未来を憂うことはあれど、嘆くことをしたくないと考える僕にとって、本書の立ち上げから携わってくださったＰＨＰ研究所の根本騎兄氏の存在は大きな支えとなりました。

またこの間、距離も離れ、勤める本屋も違えど、全国の多くの書店員のみなさんとの交流がなければ、本書をまとめることができませんでした。僕にとっての戦友たちに感謝したい。最後に、根気強く僕の話を聞き続け、ここまで待ち続けてくださった担当編集の村田共哉氏に感謝いたします。

本書が、新しい本屋との出会いのきっかけとなれたら幸いです。本屋が、本と読者の出会いの場としてあり続けることを誓って。

「もういちど、本屋へようこそ」

装丁　bookwall
装画　木内達朗

寄稿者紹介

石橋毅史（ジャーナリスト）
鈴木典子（ヤマト屋書店仙台三越店）
山本 護（紀伊國屋書店熊本はません店）
高木久直（「走る本屋さん」高久書店店長・戸田書店掛川西郷店）
栗澤順一（さわや書店外商部）
古幡瑞穂（日本出版販売株式会社）
吉田正隆（株式会社大阪屋栗田）
大矢靖之（株式会社ブクログ）
三島政幸（啓文社ゆめタウン呉店）
森口俊則（書店員）
安田有希（元紀伊國屋書店横浜みなとみらい店）
福川キャサリン（リブロ福岡天神店）
岩橋 淳（ジュンク堂書店盛岡店）
熊谷隆章（七五書店）
宇田川拓也（ときわ書房本店）
鈴木 毅（16の小さな専門書店）
吉田倫子（司書）

以上、寄稿順、敬称略

※肩書・所属は2018年7月時点のものです。

〈編著者略歴〉

田口幹人（たぐち　みきと）

さわや書店フェザン統括店長
1973年、岩手県西和賀町（旧・湯田町）の本屋の息子として生まれる。
盛岡の第一書店の勤務を経て、実家のまりや書店を継ぐ。
その後、さわや書店に再就職し、現職に至る。
著書に『まちの本屋 知を編み、血を継ぎ、地を耕す』（ポプラ社）がある。

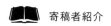

もういちど、本屋へようこそ

2018年8月21日　第1版第1刷発行

編著者　田口幹人
発行者　後藤淳一
発行所　株式会社PHP研究所
東京本部　〒135-8137　江東区豊洲5-6-52
第三制作部文藝課　☎03-3520-9620(編集)
普及部　☎03-3520-9630(販売)
京都本部　〒601-8411　京都市南区西九条北ノ内町11
PHP INTERFACE　https://www.php.co.jp/

組版　有限会社エヴリ・シンク
印刷所　共同印刷株式会社
製本所　東京美術紙工協業組合

ISBN978-4-569-84114-4